MultiWelt № 8

I0149312

Kontakt: MultiWelt Verlag, Im Ring 6, 29559 Wrestedt
www.multiwelt-verlag.de

3., vollständig überarbeitete und erweiterte Auflage August 2015
Herausgeber: Knut Gierdahl

ISBN: 978-3-942736-07-7

TANTRA UND SEXUALMAGIE

Die geheimen Unterweisungen
des Tieres 666

Michael D. Eschner

MultiWelt Verlag

Inhaltsverzeichnis

Vorwort von 1982

Über die Wichtigkeit der in diesem Buch behandelten O.T.O. - Unterweisungen schrieb Aleister Crowley: „Ich erkannte bis Juni 1912 nicht die ungeheure Wichtigkeit des Wissens, welches der O.·.T.·.O.·. hat, und sogar als ich es wusste, realisierte ich es nicht."

In seinem sexual-magischen Tagebuch „Rex de arte Regia"[1] schreibt er: „Diese Kunst wurde mir im Juni anno VIII [2], Sonne in Zwilling durch den O.H.O.[3] mitgeteilt. Ich übte sie in einer unmethodischen Art bis anno IX, Sonne in 10^0 Steinbock[4] aus, als ich die anderswo aufgezeichneten Experimente der Kunst, welche von diesen abgeleitet und ihnen parallel sind, machte. Das so erzielte Wissen befähigte mich, weitere Forschungen mit mehr Scharfsinn und Zielgerichtetheit durchzuführen, sodass ich fähig war, definitiv zu bestätigen, dass ich gewisse Resultate entsprechend meinem Willen produziert hatte. Meine Bronchitis z. B., welche höchst widerspenstig gewesen war, war an einem einzigen Tag kuriert. Ich erhielt Geld, wenn ich es benötigte. Ich erlangte so starke ‚sexuelle Kraft und sexuelle Anziehung', dass ich noch Monate danach nie in Verlegenheit war. Noch besser als all dies war ich fähig, meine künstlerisch - kreative Kraft und meine magische Intuition so auszuüben, dass viel der von mir in diesem

---

1   König der königlichen Kunst.
2   Er meint das achte Jahr des Neuen Äons, welches 1904 begann, das Jahr VIII entspricht daher unserem Jahr 1912.
3   Outer Head of the Order, damals Theodor Reuß.
4   1. Januar 1914

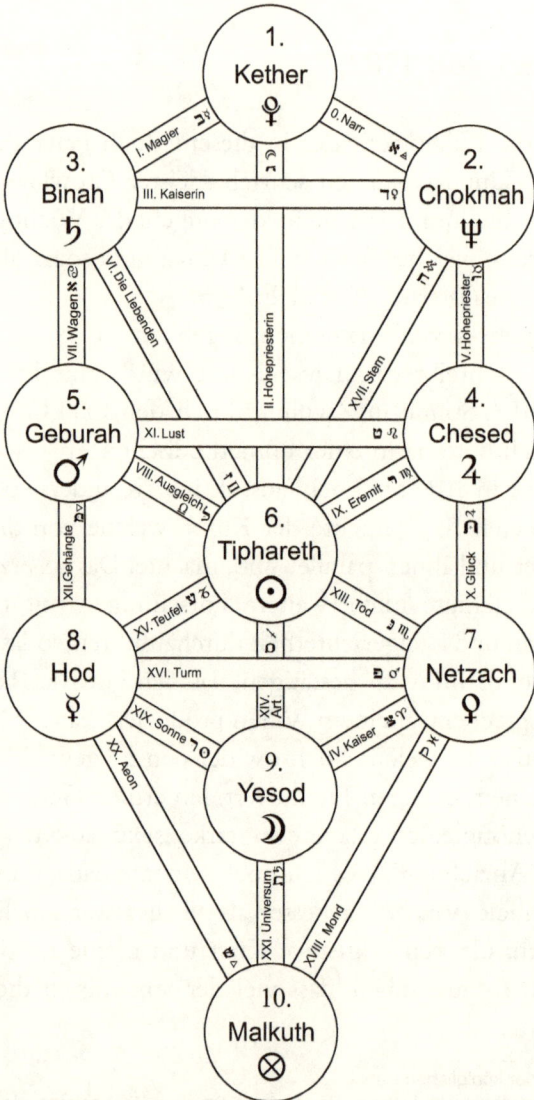

Der Baum des Lebens. Dieser Baum ist die magische Weltkarte des Abendlandes. Aleister Crowley und der O.T.O. benutzten dieses Symbolsystem.

Sommer ausgeführten sehr umfangreichen Arbeit vollständig auf diese Kunst zurückgeführt werden muss."

Diese Aussagen Aleister Crowleys geben einen ausreichenden Eindruck von den Möglichkeiten der Kunst der Sexualmagie und den Möglichkeiten, welche sie bietet.

Die wichtigste Frage im Zusammenhang mit diesen Unterweisungen ist sicherlich die, ob sie überhaupt veröffentlicht werden sollten. Schon im Voraus sind die Publikationsabsichten stark kritisiert worden und diese Kritik muss eindeutig beantwortet werden. Crowley schrieb in einem Brief an Frater Achad (Charles Stansfield Jones):

„Ist es im Hinblick auf den drohenden Kollaps[5] nicht wichtig, eine Anzahl von richtig trainierten Menschen auszuwählen und ihnen das zu unserer Verfügung stehende Geheimnis anzuvertrauen? (...) Die außerordentliche Wichtigkeit der Angelegenheit liegt in den folgenden Erwägungen. Die Entdeckungen der Wissenschaft im vergangenen Jahrhundert sind unter diesem Aspekt alle gleich. Sie sind alle ohne Wert. Sie alle können gleichermaßen von normalen Menschen gebraucht werden, oft von brutalen Menschen unter der Leitung von gemeinen und schändlichen Geistern. Das Resultat ist das, was wir sehen. Aber durch den O∴T∴O∴ besitzen wir eine Form von Energie, die stärker und feiner ist als alle bis jetzt bekannten und ihr Wert ist, dass sie von Menschen, welche die geistigen Gesetze nicht kennen und in geistigen Methoden nicht trainiert sind, nicht erfolgreich angewandt werden kann (...) Aber obgleich wir alles, was wir können, tun müssen,

---

5   Der Brief wurde beim Ausbruch des Ersten Weltkrieges geschrieben.

um das Geheimnis vor unwürdigen Geistern zu schützen, können wir nicht daran vorbeigehen, dass es wenigstens in grober und fehlerhafter Form schon weit bekannt ist. Wir müssen auf die natürliche Tatsache vertrauen, dass die wertvollere Technik sich notwendigerweise durchsetzt. Denn sogar im schlimmsten Fall halte ich es für besser, dass die Welt durch schwarze als auch durch weiße Logen regiert wird, als dass, wie gegenwärtig, ihre Regierung reine Konfusion ist. Dies berücksichtigend werde ich mich nicht vor der Verantwortung drücken, dieses große Geheimnis dazu zu gebrauchen, die Richtung zu bestimmen, in welche der verrottete Baum der Zivilisation fallen wird."

Dieses Zitat gilt auch heute noch. Angesichts einer Welt, die permanent unter der Drohung atomarer Vernichtung steht und in der der Einzelne keinen Einfluss darauf hat und dieser Tatsache nur ohnmächtig gegenüberstehen kann, erscheint eine Welt, die von magischen Kräften regiert wird, selbst im schlimmsten Fall erstrebenswerter.

Magie ist eine Macht, die jeder Mensch erwerben kann. Der Macht anonymer Bürokratien wird die Macht des Individuums gegenübergestellt. Die Verbreitung der Magie impliziert deshalb die Verbreitung von Freiheit.

Das „Liber L vel Legis"[6], das Grimoir des Wassermann-Zeitalters, sagt: „Tu was du willst sei das Ganze des Gesetzes!" und damit meint es nicht deine launenhaften Wünsche, sondern deine Ganzheit, deinen Wahren Willen.

---

6   Deutsch: „Das Buch des Gesetzes" - das Buch wurde Aleister Crowley von den Göttern diktiert, es enthält das spirituelle Gesetz des Neuen Zeitalters. Crowleys handschriftliches Manuskript nennt das Buch „Liber L vel Legis sub Figura CCXX". Später änderte Crowley den Titel in „Liber Al vel Legis". Die Gründe seiner Umbenennung wurden von der späteren Forschung revidiert.

Das Gegenstück dazu ist: „Du hast kein Recht, als deinen Willen zu tun" und daraus folgt die von Crowley in Liber OZ formulierte Aussage, „Der Mensch hat das Recht, jeden zu töten, der ihn daran hindert, seinen Wahren Willen zu tun." Jeder Mensch ist ein König in seinem eigenen Recht. Das Liber L vel Legis verneint so die Macht, welche die Bürokraten der Atombombe über uns alle ausüben.

Der Einwand, dass diese Einstellung zu Anarchie, Mord und Totschlag führt, ist nicht stichhaltig. Denn wie das Liber Legis sagt: „Jeder Mann und jede Frau ist ein Stern".

Der Autor Michael D. Eschner in den frühen 80er Jahren in seiner Privatbibliothek

Das heißt, jeder Mensch hat seinen Weg, seinen eigenen Orbit, dem er folgen muss, genauso, wie es ein Stern tut.

Schau nach oben, zum grenzenlosen Firmament: Millionen über Millionen von Sternen, viel mehr als Menschen. Würdest du darauf warten wollen, bis zwei von ihnen zusammenstoßen?

Berlin, im Juni 1982
Michael D. Eschner

Titelblatt der „Geheimen sexualmagischen Unterweisungen des Tieres 666" in der 1984er Ausgabe (Stein der Weisen Verlag)

Vorwort von 1984

Bei dem vorliegenden Buch handelt es sich um eine völlig neu bearbeitete und um etwa das Doppelte erweiterte Ausgabe des 1982 im gleichen Verlag erschienenen Buches „Die geheimen sexualmagischen Unterweisungen des O.T.O.". Aus diesem Grunde musste für das Buch ein anderer Titel gewählt werden, da die Beibehaltung des alten irreführend gewesen wäre.

Sexualmagie unterscheidet sich von zeremonieller Magie dadurch, dass man mit ihr bei konsequenter Übung innerhalb eines Jahres sämtliche Ergebnisse erzielen kann, die mittels zeremonieller Magie nur mit sehr viel mehr Aufwand und in sehr viel längeren Zeiträumen erreichbar sind. Sexualmagie und zeremonielle Magie verhalten sich zueinander etwa so wie Tantra zum Yoga. Die Gründe für die Veröffentlichung dieser über Jahrhunderte hinweg geheimgehaltenen Lehren wurden im 1982er Vorwort geschildert und die Lage ist seitdem eher schlechter geworden.

Wie wir in unserer praktischen Arbeit erfahren mussten, verhalten sich die Vertreter der Inquisition, welche sich heute Sektenpfarrer nennen, genauso hinterhältig und verleumderisch wie zu Zeiten der mittelalterlichen Hexenverfolgung. Das organisierte Christentum ist nicht etwa nur der Sexualmagie, nein, es ist jeder Form der Sexualität feindlich gesonnen. Jede Tendenz zur Befreiung der Sexualität ruft die Bannsprüche des Vatikans hervor und jede Form der Sexualmagie ruft die Sektenbeauftragten des

organisierten Christentums zu ihrem hysterischen inquisi-
torischen Tanz hervor, der den Ruf nach dem Scheiterhau-
fen nur mühsam unterdrückt. Dennoch müssen wir uns
dazu bekennen. Jede Form der Sexualität enthält zutiefst
antichristliche Elemente.

- Der Magier ist aus Sicht der Kirche in jeder Form der
  verkörperte Antichrist. Sexualität ist deshalb antichrist-
  lich, weil sie Freude ist; die Kirche jedoch lehrt Leid,
  Demütigung und Selbstopfer.
- Der Magier ist deshalb antichristlich, weil er die
  Fähigkeiten hat, welche das Christentum allein seinem
  Gott zuschreibt.
- Der Magier ist deshalb der Antichrist, weil er die
  Inkarnation des Gottes im Menschen, die Verwirkli-
  chung von „deus est homo"[7] oder besser „homo est
  deus"[8] ist.

Sowohl die göttlichen Fähigkeiten des Menschen, als
auch seine sexuellen Freuden versuchte das Christentum
im Mittelalter - und deshalb heißt es das finstere Mittelalter
- durch die Inquisition auszurotten. Und es ist ihr nur zu
gut gelungen. Die finstere, lebensfeindliche und freudlose
Moral des organisierten Christentums der Amtskirchen hat
der abendländische Mensch so verinnerlicht, dass er nicht
einmal nach Wegfall des äußeren Zwanges in der Lage ist,
frei zu sein. Der einzige Ausweg liegt deshalb darin, dass
du dieses fahle Leichentuch, welches das Christentum über

---

7   übersetzt: Gott ist Mensch.
8   übers.: Der Mensch ist Gott.

die Welt ausgebreitet hat, mit einem zornigen Aufbegehren restlos abschüttelst und dich genauso klar und deutlich als antichristlich bekennst, wie du dich gegen Mord, Vergewaltigung, Heuchelei und jede andere Form der Tyrannei stellst.

Der ägyptische Gott Bes. Spätere Zeiten würden Bes wegen seiner wilden Natur eher als Dämon denn als Gott bezeichnen. Bemaltes Terracotta, Ptolemäerzeit.

13

Bedenke, dass das Christentum trotz seines Absolutheitsanspruches und trotz seines Anspruches auf Wahrheit auf einem einzigen Lügengewebe beruht, auf reiner Heuchelei. Jedem Theologen ist bekannt, dass die vier Evangelien erst ca. 200 Jahre nach Christi in der heute vorliegenden Form zusammengestellt wurden und dass kein einziger der Evangelisten Augenzeuge des Lebens Jesu gewesen war. Ihnen ist genauso bekannt, dass die Geschichte von der jungfräulichen Geburt der Maria in den älteren Evangelien nicht enthalten und erst eine spätere Einfügung ist. Genauso sieht es mit vielen anderen christlichen Dogmen aus. Sie wurden nach den Bedürfnissen der ersten Kirchenväter zusammengestellt, und alle anderen Berichte wurden als Ketzerei verfolgt. So begann das Christentum und so ist es noch heute. Das Problem war mir 1982 noch nicht in der jetzigen Schärfe bewusst. Damals hielt ich die Inquisition noch für eine zeitspezifische Erscheinung des Mittelalters

Abbildungen aus „Martyrology" (1651) von Samuel Clark. Das Buch zeigt die Foltermethoden der Inquisition.

und konnte eine Verbindung zum heutigen Christentum nicht erkennen. Die folgenden Ereignisse belehrten mich jedoch, dass die Inquisition unter der psychologisch geschickten Bezeichnung Sektenbeauftragte, Sektenpfarrer und Beratungsstelle für Sektenwesen fortbesteht. Es lohnt kaum, auf Einzelheiten der Ereignisse einzugehen.

Hier sei nur soviel gesagt, dass sie mit der Gründung der Abtei Thelema in Berlin einem Höhepunkt entgegenstrebten. Eltern, Verwandte und Bekannte der in der Abtei lebenden Menschen wurden mobilisiert und aufgehetzt. Die Verleumdungen reichten von dem Vorwurf, dass die in der Abtei Lebenden unter Drogen gesetzt, hypnotisiert und geschlagen werden, bis zu dem Verbot an Außenstehende, mit ihnen auch nur zu reden. Und Letzteres war die Reaktion auf die Einladung, sich einfach selbst anzuschauen, was tatsächlich passiert.

Die christliche Kirche kann sich dieses Vorgehen leisten, denn die meisten Betroffenen halten ängstlich still. Die Siegesgewissheit der Inquisition ist ungebrochen. Es gibt jedoch für jeden Menschen heutzutage nur zwei Möglichkeiten; entweder, sich weiterhin in das Leichentuch des Christentums zu hüllen, oder in Freiheit der Sonne entgegenzustreben. Und um ein christliches Gleichnis zu verwenden: Auch David gewann seinen Kampf gegen Goliath.

Das ist der Grund, warum ich das vorliegende Werk noch freier und offener geschrieben habe als das vorhergehende. Damit jeder, auch wenn er keinen Kontakt mit anderen Praktizierenden aufnehmen will, für sich selbst und auch allein diesen Weg gehen und sich befreien kann. In das vorliegende Buch habe ich u. a. die Kommentare Crowleys zu den sexual-magischen Grad-Unterweisungen ‚de arte magica‘ aufgenommen, welche auf Einzelheiten der Praxis eingeht. Auch Tagebüchauszüge von Aleister Crowley, welche sein eigenes sexual-magisches Arbeiten betreffen, sind enthalten[9], um klar und deutlich zu zeigen, wie mit diesen Techniken umgegangen werden kann. Diese offene Art der Beschreibung der Praxis erfordert aber auch, dass das Verständnis der Vorgänge vertieft wird. Deshalb wurde der Text erheblich erweitert.

Das Buch ist so klar und deutlich geschrieben, dass jeder sofort mit der praktischen Arbeit anfangen kann. Es ist nicht so geschrieben, dass jeder sofort alle Geheimnisse ablesen kann, obwohl auch diese hier beschrieben sind. Verstanden werden können sie jedoch nur von dem, der die Anfangsarbeiten ernsthaft durchgeführt und daraus Erfahrungen gesammelt hat. Dieses Zusammenspiel der eigenen Erfahrungen mit dem, was hier beschrieben ist, führt den ernsthaft Arbeitenden einen sehr weiten Weg zu immer höheren Erkenntnissen. Vor allem anderen jedoch erschließen sich dadurch die höheren Inhalte dieses Buches.

Berlin, Januar 1984
Michael D. Eschner

---

9   Die Kommentare und Tagebucheinträge wurden im vorliegenden Werk nicht aufgenommen. Seit einem Jahrzehnt unterdrückt der Rechteinhaber die Publikation. (Anm. d. Hrsg.)

1. Unterweisung: Der ‚spirit‘ der ernsthaften Hexen und Magier

● ●

*Sapere aude! Habe den Mut, dich deines
eigenen Verstandes zu bedienen!*

Immanuel Kant

Tipps für die Hexe und den Magier

Nun möchte ich dir einige praktisch anwendbare Tipps geben. Es macht Spaß, sie zu erforschen und ihre Anwendung fördert erfolgreiches Verhalten. Andererseits haben sie auf den ersten Blick nichts mit Tantra oder Sexualmagie zu tun. Also wozu das Ganze? Sie sind so eine Art Meta-Regeln für jeden Sexmagier und desgleichen für jede Sexhexe. Sie enthalten den Geist, der zu aller Technik hinzukommen muss, damit es gelingt. Der „spirit" lässt sich schwer in Worte fassen, denn die Worte bedeuten für jede(n) etwas anderes. Doch lässt man den Geist außen vor, bleibt das Handeln steril. Ohne den Willen zu Verfeinerung und Selbst-Transzendenz verkommt das Handeln leicht zu Sexsport, zu reiner Technik. Ohne diesen Geist ist es der törichte Versuch, durch alleinige technisch-handwerkliche Ausübung etwas Magie zu betreiben. Doch dann fehlt

Sinn, also die Koordination und Harmonisierung des Ganzen. Die magische Technik mag noch so mächtig und brillant sein, es wird nichts Großes gelingen. Dann geht dem Strebenden leicht der charakterliche Halt verloren. Und außerdem: Die wahre Magie ist eine Lebensweise und ihr Weg führt zu mehr Vielfalt. Das ist das Gleiche wie zu sagen, Magie führt zu mehr Freiheit. Wenn wir vielfältiger werden, erringen wir mehr Handlungsmöglichkeiten als zuvor. Wir sind weniger gebunden durch Umstände, wir befreien uns. Mehr Freiheit! Doch gerade dann, wenn du dich in der Sphäre der mächtigen Sexualmagie bewegst, stellt sich irgendwann (eher früher als später) die Frage: Wozu? Und mehr Freiheit wovon? Sobald diese Fragen ernsthaft gestellt werden können (die meisten Menschen kommen selten in die Lage, das zu tun), *müssen* sie auch beantwortet werden. Jeder Mensch findet darauf seine Antwort, niemand kann für andere antworten. Jedoch ist ein orientierender Gesamtrahmen möglich und unvorstellbar hilfreich, damit du nicht an den eigenen Anfangserfolgen zerbrichst. Dieser Gesamtrahmen sind die folgenden Tipps für entwicklungsförderndes Verhalten.

Wer vermutet, dass die vorgestellten Verhaltensweisen geeignet sein könnten, Menschen zu manipulieren, hat zumindest teilweise recht. Wie bei allen Sozialtechniken entscheidet letztlich das persönliche Ethos: Betrachte einen Menschen nie als Mittel zu irgendeinem Zweck, sondern immer selbst als Zweck (frei nach Immanuel Kant).

Jede soziale Situation wird von der Person bestimmt, welche die größte Verhaltensvielfalt hat.

Dies ist das "Gesetz der erforderlichen Vielfalt" aus der Kybernetik[1]. Es besagt, dass in jedem sozialen und technischen System das Element mit dem größten Variationsbereich das kontrollierende Element ist.

Je mehr Verhaltensmöglichkeiten du hast, desto mehr Wahlmöglichkeiten hast du. Jemand, der in einer Situation nur eine Verhaltensmöglichkeit hat, (sauer sein, schreien, essen) hat keine Wahl, sondern ein Dilemma. Je

---

1   In Deutschland wird der kybernetische Grundgedanke heute immer noch kaum beachtet. Wer das Thema vertiefen will, suche in der etwas älteren kybernetischen Fachliteratur oder im englischsprachigen Internet. Das Gesetz von der erforderlichen Varietät, auch bekannt als „Ashby's Law", aufgestellt von William Ross Ashby (1903 - 1972).

mehr Verhaltensmöglichkeiten du zur Auswahl hast, desto größer ist die Wahrscheinlichkeit, jene zu finden, welche den anderen zu der gewünschten Reaktion veranlasst.

Hast du nur wenig mehr Verhaltensmöglichkeiten als der andere, so wirst langfristig du die Situation bestimmen. Hast du sehr viel mehr Verhaltensmöglichkeiten als der andere, so wirst du sogar kurzfristig die Situation bestimmen. Immer, wenn der andere ein Verhalten zeigt, auf welches du keine angemessene Reaktionsmöglichkeit kennst, wird die Situation für dich unkontrollierbar.

Wenn du dich in deinem Verhalten einschränkst, verlierst du an erforderlicher Vielfalt. Deshalb experimentiere ständig mit neuen Verhaltensweisen.

Verhalten bewirkt Reaktion.

Du kannst dich nicht Nicht-Verhalten. Selbst wenn du schweigst und nichts tust, teilst du dem anderen etwas mit (z. B. dass du mit ihm nichts zu tun haben willst). Alles, was der andere tut, ist eine Reaktion auf dein Verhalten. Alles, was du tust, bewirkt eine Reaktion des anderen - bewusst oder unbewusst.

Die Bedeutung deiner Mitteilung zeigt sich in der Reaktion des anderen.

Wenn du von dem anderen nicht die gewünschte Reaktion bekommst, musst du dein Verhalten ändern. Wenn dein Verhalten nicht zum Ziel führt, so bedeutet das nicht, dass du versagt hast oder dass der andere nicht will, sondern dass du ein anderes Verhalten anwenden musst. Wenn dir keines einfällt, musst du neue Lernprozesse in Gang bringen.

Druck erzeugt Widerstand

Jede Handlung eines Menschen ist immer die beste Möglichkeit, die er in dieser Situation hat. Du musst deshalb jede Reaktion akzeptieren. Es gibt keinen Menschen, der dir Widerstand entgegensetzt, außer wenn du Druck ausübst.

Es gibt nur zwei Möglichkeiten. Entweder der andere hat die Handlung, welche du von ihm wünschst, nicht im Repertoire seiner Verhaltensmöglichkeiten oder du hast ihm etwas anderes mitgeteilt, als du wolltest (vgl. vorhergehende Regeln). In beiden Fällen führt das Ausüben von Druck nicht zum Ziel, sondern dazu, dass der andere dir Widerstand leistet. Denn das ist die einzige Reaktionsmöglichkeit, die du ihm gelassen hast.

Jede(r) ist ansprechbar.

Du musst nur herausfinden, wie und womit. In der Kommunikation gibt es keine Fehler, es gibt nur Reaktionen, die man auf seine Mitteilungen bekommt. Sowohl Abwehr als auch Gefügigkeit sind Reaktionen, welche signalisieren, dass der andere ansprechbar ist und auf dich reagiert. Dein Problem ist also nicht, dass der andere nicht ansprechbar ist, sondern dass du eine der vorhergehenden Regeln nicht beachtet hast.

LIBER LXXVII

"Das Gesetz
der Starken:
das ist unser Gesetz
und die Freude
der Welt." - *AL II - 21*

"Tu was Du willst, sei das ganze Gesetz." - *AI I - 40*

"Du hast kein Recht als Deinen Willen zu tun. -
Tu dies, und keiner soll Nein sagen." - *AI I - 42/3*

"Jeder Mann und jede Frau ist ein Stern." - *AI I - 3*

ES GIBT KEINEN GOTT AUSSER DEM MENSCHEN.

1. Der Mensch hat das Recht, nach seinem eigenen Gesetz zu leben - in der Art zu
   leben in der er will:
   > zu arbeiten wie er will
   > zu spielen wie er will
   > zu ruhen wie er will
   > zu sterben wann und wie er will.

2. Der Mensch hat das Recht zu essen was er will:
   > zu trinken was er will
   > zu wohnen wo er will
   > zu reisen auf dem Antlitz der Erde wie er will.

3. Der Mensch hat das Recht zu denken was er will:
   > zu sagen was er will
   > zu schreiben was er will
   > zu zeichnen, malen, schnitzen, ätzen, gestalten
   > und bauen wie er will
   > sich zu kleiden wie er will.

4. Der Mensch hat das Recht zu lieben wie er will:
   > "auch erfüllet Euch nach Willen in Liebe
   > wie Ihr wollt, wann, wo und und mit wem Ihr wollt!" - *AI I - 51*

5. Der Mensch hat das Recht all diejenigen zu töten,
   die ihm dieses Recht zu nehmen suchen.

> " Die Sklaven sollen dienen." - *AI II - 58*

> " Liebe ist das Gesetz, Liebe unter Willen!" - *AI I - 57*

Liber OZ ist Aleister Crowleys Kurzfassung des Gesetzes von Thelema.

2. Unterweisung: Grundlagen der Sexualmagie

- -

*Sokrates ist doch ein ganz ruchloser Mensch
und verderbt die Jünglinge.*

Ankläger im Prozess

Grundlagen der Sexualmagie

Für den Adepten hat Sex eine weitaus umfassendere Bedeutung als für den Nicht-Eingeweihten. Sex ist für den Adepten die kosmische Vereinigung entgegengesetzter Pole, wodurch die ursprüngliche Energie, aus der alles geschaffen wurde, freigesetzt wird. Am Diagramm des Baumes des Lebens (Abbildung 1 auf S.27) kann der Vorgang leicht nachvollzogen werden. Die weibliche, negative, passive Seite zieht Energien an und formt sie. Die männliche, positive, aktive Seite gibt Energien ab. Werden beide miteinander in geeigneten Kontakt gebracht, tritt eine Reaktion ein. Energie wird erzeugt - die Mittlere Säule - es wird erschaffen.

Bei der geeigneten Vereinigung von männlich und weiblich bildet das betreffende Paar einen Leiter für die kosmische Kraft, welche mit ungeheurer Energie durch sie in den irdischen Bereich fließt und hier eine magische, irdische oder nach außen gerichtete Wirkung erzielt. Wesentlich ist, dass die Vereinigung auf die geeignete Art erfolgt und dass die Durchführenden geschult und vorbereitet sind. Wirkungen können von jedem leicht erzeugt werden. Wurde aber vorher nicht die richtige Vorbereitung durchgeführt, so sind die Wirkungen zerstörerischer Art. Im Nicht-Eingeweihten, also im normalen Menschen, handelt die phallische Kraft unabhängig von und oft im Widerspruch zu ihrem Besitzer. In diesem Fall ist die Kraft launenhaft, von sich aus bestimmend und für ihren Besitzer zwanghaft, denn sie nimmt auf das Individuum keine Rücksicht.

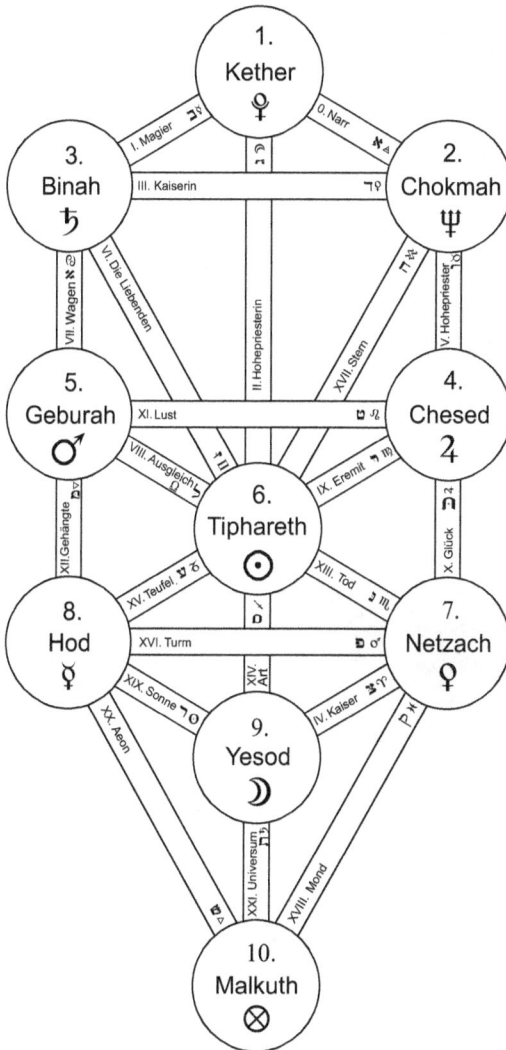

Abbildung 1: Diagramm vom Baum des Lebens

Der Adept hingegen beherrscht die phallische Kraft - er besitzt sie - während der normale Mensch von der phallischen Kraft besessen wird - sie beherrscht ihn. Die hier ablaufenden Mechanismen werden auch in der Psychoanalyse deutlich erkannt. Ein typisches Beispiel ist die Theorie der Sublimierungsvorgänge, welche klarmacht, dass auch derjenige, welcher scheinbar nichts mit der phallischen Kraft - hier Libido genannt - zu tun hat, trotzdem ihr Sklave ist, da sich diese Kraft, wenn ihr die Entladung im sexuellen Akt versagt wird, andere Kanäle (Sublimierungen) sucht und sich z. B. in einem Reinlichkeitszwang äußern kann, der auch zwanghaft ist.

Diese phallische Kraft wird in der Natur durch das Element Feuer symbolisiert, geometrisch durch das Dreieck und biologisch durch den Phallus. Die Sonne (Feuer) strahlt Licht und Leben durch das Sonnensystem und auch auf die Erde. Der Phallus strahlt Licht und offensichtlich auch Leben auf der Erde aus.

Michael D. Eschner

Der Magier in Robe am Altar. Seltene Aufnahme im Tempel. Berlin, Eichborndamm, um 1980/ 1981.

Aber so, wie die Sonne - magisch gesehen - nur eine Reflexion der hinter ihr stehenden Kraft, der schwarzen Sonne, Sirius, Seth, ist, so ist auch der Phallus nur das

Vehikel des Willens des Magus. Dieses Vehikel, der Phallus oder die phallische Kraft, dient dem Adepten dazu, seinen Willen zu realisieren. Dieser Wille kann sowohl magischer als auch mystischer Art sein, der Unterschied liegt lediglich in der Technik.

Der heilige Phallus

Vergegenwärtigen wir uns die Vorgänge an einem Beispiel: Du hast in deiner Wohnung einen Anschluss für elektrischen Strom, eine Steckdose. In dieser Steckdose sind zwei Löcher, eins für den Plus-Pol (männlich) eins für den Minus-Pol (weiblich). Wenn du in jeden Pol der Steckdose ein Kabel steckst und diese beiden Kabel miteinander in Berührung bringst, so gibt es einen Knall, einen leuchtenden Funken, und die Sicherung ist durchgebrannt.

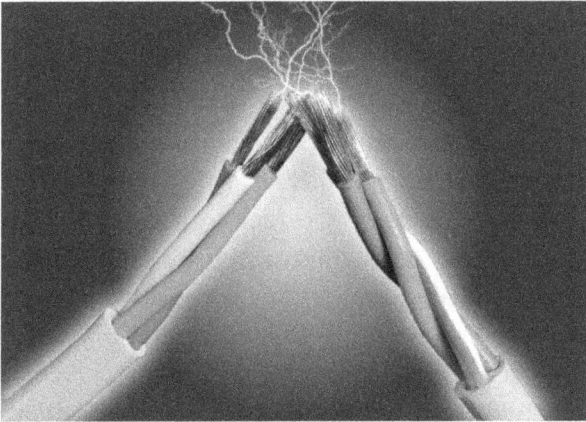

Ein ähnlicher Vorgang findet bei der normalen sexuellen Vereinigung und dem folgenden Orgasmus statt. Wir wollen in unserem Beispiel erst einmal nur die Vorgänge in energetischer Hinsicht betrachten und die biologischen Vorgänge außer Acht lassen. Wenn du die beiden Pole zusammenbringst, ohne einen Verbraucher (Lampe, Staubsauger usw.) dazwischen zu schalten, so kann die Energie frei, ungehemmt und ohne Widerstand fließen. In diesem

Fall fließt eine Energie, die so groß ist, dass die Sicherung durchbrennt. Aber auch, wenn wir eine stärkere Sicherung einbauen, können wir keine höhere Energie erhalten, da die in der Wand verlegten Kabel, welche von der Sicherung zur Steckdose führen, diesen stärkeren Energiefluss nicht aushalten und schmelzen würden. Um einen höheren Energiefluss zu erhalten, müssten wir also sehr viel dickere Kabel verlegen. Je dicker die Kabel sind, desto mehr Energie kann fließen, ohne dass die Stromkabel zerstört werden.

Wir haben also gesehen, dass wir durch eine stärkere Sicherung und stärkere Stromkabel dafür sorgen können, dass eine stärkere Energie fließen kann. Beim Menschen ist es genauso. Die Energie darf nicht stärker sein, als unsere Fähigkeit, sie zu lenken. Allgemein heißt das, Stärkung des Willens, Reinigung der Nadis (Energiekanäle im Menschen), Beseitigung psychischer Hemmungen usw. Das Ergebnis davon wäre ein stärkerer Energiefluss, vergleichbar einem starken, langanhaltenden Orgasmus, und die Fähigkeit, diese Energien zu lenken und zu vertragen.

Im kosmischen Energiesystem bildet der Mensch einen Widerstand bzw. Verbraucher. Da wir auch in unserem elektrischen Vergleichssystem Widerstände, bzw. Verbraucher haben, können wir dieses Beispiel weiterhin benutzen. In der Elektrizität besagt das Ohmsche Gesetz $I = U : R$. D.h., die Stärke des fließenden Stromes ist gleich der Stärke der angelegten Spannung geteilt durch den Widerstand des Verbrauchers. Je kleiner der Widerstand des Verbrauchers und je größer die angelegte Spannung, desto höher ist der Energiefluss.

Das Ziel ist ein stärkerer Energiefluss und die Fähigkeit, diese Energien zu lenken und zu ertragen. Die Kutsche ist ein Sinnbild der sexualmagischen Entwicklung: Sind die Pferde (Energie) zu schwach bzw. die Kutsche zu schwer, bewegt sich nichts. Werden die Energien nicht gelenkt, zieht jedes Pferd in eine andere Richtung - Achsbruch oder Stillstand sind möglich, aber auch, dass die Kutsche den Weg verlässt und in einen Abgrund rast.- Starke, ausgeruhte Pferde und ein guter Wagenlenker - Wille - sind daher beide gleich wichtig.

Unseren Widerstand kleiner zu machen heißt, unsere psychischen Hemmungen abzubauen und die damit zusammenhängenden körperlichen Verspannungen aufzulösen. Betrachten wir im Folgenden, was bei gleichbleibender Spannung, aber unterschiedlichen Widerständen oder Verbrauchern passiert. Als Spannung nehmen wir die ganz normal an all unseren Steckdosen anliegende Spannung von 220 Volt. Als Verbraucher nehmen wir eine Taschenlampenbirne, eine normale Haushaltsbirne, einen starken Scheinwerfer und eine Batterie für diesen Scheinwerfer.

Wenn wir die Drähte aus unserer heimischen Steckdose nacheinander an diese Lampen halten, werden wir Folgendes beobachten:

- Die Taschenlampenbirne flammt kurz auf – dann sie ist durchgebrannt.
- Die Haushaltsbirne leuchtet dauerhaft.
- Der Scheinwerfer flammt kurz auf – die Sicherung ist durchgebrannt.
- Die Scheinwerferbatterie bleibt dunkel – die Sicherung ist durchgebrannt.

Wenn wir nun statt unserer Haushaltsspannung diese Verbraucher an eine Taschenlampenbatterie mit einer sehr viel geringeren Spannung und auch einer entsprechenden Sicherung anlegen, so geschieht Folgendes:

- Die Taschenlampenbirne leuchtet dauerhaft.
- Die Haushaltsbirne genauso wie die Scheinwerfer bleiben dunkel, da die Spannung zu gering ist.

Wir können also 4 Fälle unterscheiden:

1. Der Energiefluss ist zu groß für den Verbraucher, der Verbraucher wird zerstört.
2. Verbraucher, Energiefluss und Sicherung entsprechen einander, der Verbraucher arbeitet dauerhaft und korrekt.
3. Der Energiefluss ist stark genug für den Verbraucher, aber zu stark für das Leitungssystem; die Sicherung

brennt durch, der Verbraucher arbeitet nur kurzfristig.

4. Der Energiefluss ist zu schwach für den Verbraucher, er erzielt keine Wirkung.

Die Fälle können wir auf den Menschen übertragen.

1. Der normale Mensch entspricht der schwach leuchtenden Taschenlampenbirne. Kommt er mit magischen Energien in Berührung, brennt er durch bzw. wird zerstört.

2. Wird an die Taschenlampenbirne die ihr entsprechende Energie angelegt, so leuchtet sie schwach und dauerhaft - eben wie der normale Mensch.

3. Diese Stufe entspricht dem normalen Orgasmus. Ein höherer Energiestrom fließt, aber das menschliche Energienetz ist für diesen Fluss nicht eingerichtet. Die Energie kann nur einen kurzen Moment fließen, dann brennt die Sicherung durch, die Energie wird abgeschaltet.

4. Diese Stufe entspricht magischen Operationen, die der Mensch nur durchführen kann, wenn er die entsprechenden Energien mobilisieren, leiten und vertragen kann.

Magische Operationen bestehen grob gesagt aus zwei Aspekten, der Energie und der Imagination, oder der Kraft und dem Bild. Um bei unserem Elektrizitätsbeispiel zu bleiben, entsprechen diese beiden dem Stromfluss und dem Verbraucher. Bei einer magischen Operation entsprechen die Lampen unseres Beispiels der Imagination, d. h. der klaren, bildhaften Vorstellung des gewünschten Ereignisses. Wenn durch diese Imagination nun genügend Energie fließt, so wird sie realisiert, verwirklicht, Ereignis.

Mit der Taschenlampenbirne und der an ihr anliegenden kleinen Spannung wird nur ein kleiner Ausschnitt der Welt erhellt; die normale Tunnelrealität oder unsere gewöhnliche, begrenzte Imagination des Universums. Wenn wir uns in einem zwar noch normalen, aber doch schon intensiveren energetischen Zustand befinden, wenn wir z. B. intensiv verliebt sind (der Hass erzeugt die gleiche Wirkung), so fließt schon eine höhere Energie; eine Energie, welche in unserem Beispiel etwa der Stufe der dauerhaft leuchtenden Haushaltsbirne entsprechen könnte. Wie jeder, der dieses Gefühl kennt, nachvollziehen kann, wird die Welt in diesem energiereichen Zustand anders wahrgenommen; schärfer, heller und klarer.

Die nächste Stufe ist der Orgasmus, welcher hier dem Scheinwerfer vergleichbar ist. Während dieses kurzen Aufflammens können wir weitere, zusätzliche Aspekte der Realität wahrnehmen. Wir fühlen einen stärkeren Energiefluss, stärkere Gefühle und erleben uns selbst, den Partner und die Situation leuchtender, intensiver und in einem anderen Licht. Die Imagination beschränkt sich in diesem Fall gewöhnlich auf Bilder der Lust. Diese Bilder (Imaginationen) werden von der stärkeren Energie durchflossen. Dadurch werden sie verfestigt und präjudizieren so künftiges Verhalten bzw. künftige Ereignisse. Durch den stärkeren Energiefluss sind diese Bilder sehr viel stärker als die gewöhnlichen (die Stufe der Taschenlampe) und folglich immer schwieriger zu kontrollieren.

Dieser Mechanismus wird vielleicht noch deutlicher, wenn wir bedenken, dass er auch für das tägliche Leben gilt.

Was geschieht, wenn die Vorstellung durch Energie belebt wird? In einem gefühlsarmen Zustand setzen wir uns mit unserem Realitätstunnel mit Logik und Kausalität die Gesetze, nach denen die Realität dann abläuft. Wir verhalten uns entsprechend. Je energiegeladener unser Zustand wird, desto weniger halten wir uns an die Gesetze unserer Tunnelrealität - desto intensiver versuchen wir, dieser Realität unsere eigenen Gesetze aufzuzwingen. Und was wird dann alles möglich?

Das bedeutet nämlich, dieser Zusammenhang gilt für jeden Fall, in dem die Bilder, welche wir in unserem Kopf haben, von Energie, von Emotionen, durchzogen werden. In einem mehr oder weniger gefühlsarmen oder emotionslosen Zustand setzen wir uns mit dem, was uns als Realität erscheint, unserem Realitätstunnel, innerhalb der Gesetze, die uns als Realität erscheinen, gewöhnlich die Gesetze der Logik und die von Ursache und Wirkung, auseinander und verhalten uns entsprechend. Je energiegeladener unser Zustand wird, desto weniger halten wir uns an die Gesetze unserer Tunnelrealität, desto intensiver versuchen wir, dieser Realität unsere eigenen Gesetze aufzuzwingen.

Energien und Emotionen

Ich will für das Folgende noch eine Begriffsunterscheidung einführen, welche für die Diskussion nützlich ist. Der Mensch kann sehr unterschiedlich energetisch geladen sein. Und wir reden hier dauernd von der Verwendung von Energien zu diesem und jenem Zweck. Teilweise habe ich statt Energien das Wort Emotion verwandt.

Mit Emotion meine ich einen bestimmten Teilbereich der dem Menschen zur Verfügung stehenden Energien. Emotionen sind diejenigen Energien, welche durch äußere oder innere Stimuli ausgelöst und von den Programmen des menschlichen Nervensystems gelenkt werden. Sie sind insofern zwar auch Energien, jedoch fremdbestimmte. Fremdbestimmt deshalb, weil sie nicht durch den freien Willen gelenkt sind. Mit Energien bezeichne ich diejenigen Kräfte, welche bewusst gesteuert werden.

Realität

Das Wort Realität verwende ich durchgehend im Sinne des Konstruktivismus[1]. Für unser Thema ist es wichtig, sich zu vergegenwärtigen, dass es keinen Unterschied macht, ob wir die ‚wirkliche Realität' oder das Bild der Realität, welches sich in unserem Kopf befindet, verändern. Realität wird im Allgemeinen durch intersubjektive Übereinstimmung definiert, d. h. Realität ist das, was alle für Realität halten, konkret, wenn ich auf einen Baum zeige und sage, dort steht ein Baum, und die Mehrzahl der anderen Menschen stimmt mir zu, so wird die Behauptung des dort stehenden Baumes als Aussage über Realität bezeichnet. Dies sagt jedoch überhaupt nichts darüber aus, ob dort tatsächlich irgendetwas ist[2] und noch weniger darüber, ob, wenn dort etwas ist, dieses etwas die ihm zugeschriebenen Eigenschaften hat, ob es nicht sehr viel weniger oder mehr hat[3] und was, selbst wenn dieses alles zutreffen sollte, dieses Etwas mit der Bezeichnung Baum gemein haben sollte, ist vollkommen unerfindlich. Kurz gesagt, nach dem heutigen Stand der Philosophie besitzen wir keine Möglichkeit festzustellen, ob es außer uns selbst irgendetwas anderes gibt.

Ich möchte mit dieser kurzen Abschweifung nur den leicht schwachsinnigen Diskussionen darüber vorbeugen, ob die Wirkungen der Magie denn real oder halluzinatorisch

---

1   Eine kurze Einführung in die Anwendung des Konstruktivismus auf das magische Denken habe ich in meinem Buch „Die magische Kabbala" gegeben.
2   Vergleiche: Immanuel Kant, „Prolegomena zu einer jeden künftigen Metaphysik, die als Wissenschaft wird auftreten können", 1783.
3   Ich empfehle zum Studium dieses wichtigen Themas die Schriften des Sextus Empiricus

sind. Das einzige für uns als gesellschaftliche Wesen wichtige Kriterium ist der intersubjektive Konsens - obwohl er nur ein epistemologisches Argument liefert und keine ontologische Aussage stützen kann. Jedenfalls sind magische Ergebnisse und astrale Erlebnisse durchaus der intersubjektiven Übereinstimmung zugänglich.

Emotionen verändern, was uns real erscheint

Sobald ein Mensch Emotionen verspürt, fängt sein Realitätstunnel an, sich zu verändern. Jede aggressiv-emotionale Auseinandersetzung - gewöhnlich Streit genannt - welche zwei Menschen miteinander führen, gestaltet das Bild des Widerparts negativer. Er wird in der Folge mit anderen Augen gesehen, man sagt ‚er hat sich entlarvt‘ oder ‚jetzt habe ich ihn erst richtig erkannt‘. Man nimmt am anderen nicht nur künftig Fehler wahr, welche ihn in einem viel ungünstigeren Licht erscheinen lassen, sondern erinnert sich auch an derartige Fälle aus der Vergangenheit. Bei einem emotional angenehmen Zusammensein ist es – mit umgekehrten Vorzeichen – das Gleiche. Die Änderungen im Realitätstunnel sind der Intensität der Emotionen direkt proportional.

Der Begriff „Realitätstunnel" wurde von Timothy Leary (1920-1996) geprägt. Er gehört in das Gesamtkonzept eines repräsentativen Realismus. Robert Anton Wilson (1932-2007) griff den von Leary geformten Begriff auf; Realitätstunnel oder auch die Wortumkehrung: Tunnelrealität, findet sich in Wilsons „Der neue Prometheus". Die Theorie sagt, dass jeder Mensch durch Glaubenssätze und andere Filter Teile der Außenwelt filtert. Wir leben in derselben Welt, doch jede(r) interpretiert sie anders. In der magischen Arbeit der 80er Jahre spielten Leary und Wilson eine bedeutende Rolle.

Das Konzept ist zu allen Zeiten vertraut, auch wenn sich die Bezeichnung geändert hat. Man findet es in Platons Höhlengleichnis; nach Platon nehmen wir nur Schatten der Wirklichkeit wahr, also nur ein mattes Abbild - bis wir uns umdrehen. Eine modern-populäre Version verbreitet D.F. Wallace. Im Bestseller „Das hier ist Wasser" spricht er von den Schablonen, die wir auf die Realität legen.

Schon ganz normale Vorgänge können bewusst zur Änderung des eigenen Realitätstunnels eingesetzt werden. Normalerweise konstruieren wir unsere Welt, besser unser Modell der Welt - unseren Realitätstunnel, unbewusst. Aber schon durch Einsatz einfacher Hilfsmittel, die noch nicht einmal Magie im engeren Sinne sind, werden wir in die Lage versetzt, unser Leben zu einem sehr viel größeren Teil bewusst selbst und frei zu gestalten. In diesen Fällen würde ich jedoch psychologische Erklärungsmodelle bevorzugen. Zum einen, weil die Abgrenzung gegenüber magischen Vorgängen im engeren Sinne beibehalten werden sollte, zum anderen aus praktischen Erwägungen, denn das psychologische Erklärungsmodell ist in diesen Fällen einfacher handhabbar und verständlicher.

Wenn wir über die Emotionen hinauskommen in den Bereich der Energie, sind magische Erklärungsmodelle sinnvoller, da die psychologisch bedingten Veränderungen die Realitätsänderungen nicht erklären können. Was wir hier als sexuelle Energien bezeichnen, sind für den normalen Menschen Emotionen.

Zwang zur Lust

Die mit den sexuellen Empfindungen verbundenen Imaginationen beschränken sich gewöhnlich auf Bilder der Lust. Diese Bilder (Imaginationen) werden von der starken sexuellen Energie durchflossen, dadurch verfestigt und präjudizieren so künftiges Verhalten. Durch den stärkeren Energiefluss, den der Orgasmus mit sich bringt, sind diese Bilder sehr viel stärker als die gewöhnlichen Emotionen (Taschenlampe) und folglich immer schwieriger zu kontrollieren.

Um die sexuellen Emotionen in sexuelle Energie zu verwandeln, müssen wir die Tendenz - oder den Zwang - zur Lust unter Kontrolle bringen. Ein Einwand, der an dieser Stelle oft auftaucht, lautet: „Ich habe diese Schwierigkeiten nicht, den Drang zur Lust haben nur primitive Menschen." Dieser Einwand beruht bei jedem nicht magisch Geschulten immer auf einem sehr niedrigen Energiefluss. Ein Mensch, der diesen Einwand vorbringt, hat entweder nur einen sehr schwachen oder gar keinen Orgasmus. Die Sicherung brennt also zu früh durch oder er gesteht sich den Drang zur Lust nicht ein. Ein aus der Psychologie bekanntes neurotisches Verhalten, welches zur Folge hat, dass sich die gehemmten Energien in einem anderen Bereich genauso unkontrolliert äußern; am Prinzip ändert sich nichts. Gerade diesem Einwand kann nur dadurch begegnet werden, dass man sich offen zu seiner Sexualität bekennt, sie ausbaut und die Energien zum freien Fließen bringt. Denn nur dadurch kann die benötigte magische Energie frei werden.

Was ist jetzt zu tun?

Somit haben wir die erste Aufgabe formuliert: Befreie dich von deinen sexuellen Hemmungen, denn nur dadurch kann aus den sexuellen Emotionen sexuelle Energie werden.

Die erste Aufgabe: Befreie dich von deinen sexuellen Hemmungen. Das verlangt Selbst-
reflexion. Das ist etwas anderes als der Rat, den viele andere Schriften zur Sexualität
geben, die da sagen: Mach' das, was dir Spaß macht. Den Vorlieben folgen, bestätigt die
Emotionen und macht es unmöglich, sie in willentlich gelenkte Energie zu transformieren.

Unsere zweite Aufgabe besteht in der Kontrolle dieser
Energie. Die Energie kontrollieren zu können, verlangt
Konzentration, Willen oder Selbstbeherrschung und
Imagination. Du musst vor deinem geistigen Auge das
gewünschte Bild erzeugen (Imagination). Das Bild darf
nicht im geringsten flackern, schwanken oder verschwin-
den (Konzentration), es muss bis in die Einzelheiten
scharf konturiert sein. Im Moment des Orgasmus darfst
du dich von der ursprünglichen Tendenz zur Lust nicht

überwältigen lassen (Wille), sondern darfst nur dieses Bild sehen, dieses Bild sein, sodass die Energie automatisch in dieses Bild hineinfließt, sodass sich die Imagination verwirklicht.

Die dritte Aufgabe ist die Verstärkung und Reinigung der eigenen Energieleiter, des eigenen Energienetzes, in der Sprache des Yoga die Nadis, in der Sprache der westlichen Magie die Pfade am Baum des Lebens.

Wenn deine Energiekabel stark genug sind, kannst du an die vierte Aufgabe gehen; das Ersetzen der schwachen Sicherung durch eine stärkere und die Zuführung der stärkeren Energie.

Jede Änderung dieser Reihenfolge hat schwerwiegende Folgen - Misserfolg, Wahnsinn, Invalidität, Tod usw. Betrachten wir das im Einzelnen:

Der erste Fall - die Energien können nicht ungehemmt fließen - ist der harmloseste. Wenn die Energien nicht frei fließen können, kannst du keinen Erfolg haben. Und so schützt die Magie sich selbst. Um die Tatsache, dass es keine feste objektive physikalische Welt gibt, ertragen zu können, muss man fähig sein einzusehen, dass auch die eigenen Vorurteile nur relativ sind und keine absoluten Werte. Es genügt jedoch nicht, dies nur im Kopf einzusehen, es nur intellektuell zu verstehen, sondern man muss es erfahren haben. Erfahrung sammelt man nur durch Handeln. Und das heißt konkret, dass du üben musst, in allen Situationen genau gegenteilig handeln zu können, als du es bisher immer getan hast. Denn nur dadurch kannst du alle Hemmungen auflösen und nur dann kann die Energie frei fließen. Jedes

Vorurteil, jede Hemmung, die übrig bleibt, hindert den Energiefluss und bringt ihn aus dem Bereich der Energie in den Bereich des Emotionalen. Die magische Anwendung der Energie, Sexualmagie, ist erst dann möglich, wenn diese Aufgabe - die Überwindung von Hemmungen und Vorurteilen - zum größten Teil geleistet ist. Und das ist einer der Gründe dafür, warum wir das Geheimnis jedem enthüllen können. Denn der Ungeeignete ist nicht fähig, diese Art der Magie auszuüben, da er den Zugang zu den notwendigen Energien nicht bekommt. Wenn er aber durch die Übungen, die er durchführt, soweit gekommen ist, dass er die notwendigen Energien mobilisieren kann, dann hat sich sein Weltbild so sehr erweitert, dass er alles mit vollkommen anderen Augen sieht.

Wir können hier wieder einen der Grundgedanken der Magie sehen, der auch ihren antichristlichen Gehalt offenbart. Ob du Zugang zu diesen Energien erlangst, ob du Realitätsänderungen - gewöhnlich Wunder genannt - bewirken kannst, hängt nicht von der Gnade irgendeines Gottes ab, sondern einzig und allein von dir. Du selbst entscheidest darüber, ob du Gott oder Mensch bist. Gewiss bekommst du Hilfe von der anderen Seite, diese Hilfe ist jedoch einzig und allein die Folge deiner eigenen Handlungen. Denn je weiter du auf diesem Weg der Befreiung von Vorurteilen und Hemmungen fortschreitest, desto stärker sind die fließenden Energien und desto leichter wird der Rest der Arbeit. Diese stärkeren Energien, die dir dadurch zufließen, sind das, was das Christentum als göttliche Gnade bezeichnet.

Die Aussage, dass die Aufgaben leichter werden, je mehr Energien dir zur Verfügung stehen, ist natürlich relativ zu betrachten. Du fängst mit einfachen Übungen an, zu denen deine jetzigen Energien ausreichen. Durch diese Übungen erhältst du einen stärkeren Energiezufluss. Danach kannst du an größere Aufgaben herangehen, die nur mit diesen stärkeren Energien zu bewältigen sind. So betrachtet wird die Aufgabe natürlich nicht leichter, sondern richtiger ausgedrückt werden die Aufgaben, welche jetzt für dich schwer sind, leicht und die, welche jetzt für dich unmöglich sind, schwer.

Es ist genauso, als würdest du anfangen, deine körperlichen Muskeln zu trainieren. Am ersten Tag schaffst du es vielleicht mit Mühe und Not, ein Gewicht von einem Zentner hochzuheben. Diese Aufgabe ist für dich schwer. Ein Gewicht von zwei Zentnern schaffst du gar nicht anzuheben - diese Aufgabe ist für dich unmöglich. Jetzt fängst du an zu trainieren. Nach ein oder zwei Wochen Training kannst du das Ein-Zentner-Gewicht mit Leichtigkeit hochheben, das Schwere ist für dich leicht geworden und das Zwei-Zentner-Gewicht schaffst du unter Aufbietung aller Kräfte - das Unmögliche ist für dich schwer geworden. Nach noch weiterem Training wird auch dieses leicht sein.

Aber du würdest nicht auf die Idee kommen, dass Gottes Gnade das Zwei-Zentner-Gewicht leichter gemacht hat, sondern du würdest den richtigen Schluss ziehen, dass das Gewicht noch genauso schwer ist wie vorher, du aber stärker geworden bist, sodass, was vorher für dich unmöglich anzuheben war, jetzt leicht zu heben ist.

Die Vernachlässigung der zweiten Aufgabe - Kontrolle der Energie - ist sehr viel gefährlicher und führt gewöhnlich zu verschiedenen Formen des Wahnsinns. Wenn du die Energien nicht kontrollieren kannst, so werden unkontrollierte psychische Inhalte und unkontrollierte Imaginationen belebt, die auch in der Folge nicht mehr kontrollierbar sind, da sie mit einem stärkeren Energiefluss belebt wurden. In der Psychologie sind die Ergebnisse als Inflation des Unbewussten bekannt. Typisch auftretende Formen der Geistesverwirrung sind Größenwahn, Schizophrenie, Paranoia und in vielen Fällen ist es nicht mehr möglich, den Sexualtrieb zu kontrollieren.

Jedoch auch hier schützt sich die Magie zum größten Teil selbst. Um die erste Aufgabe - das freie Fließen der Energie - zu bewältigen, bedarf es, wie wir gesehen haben, einer gewissen Kontrolle der Emotionen, d. h. einer Überwindung von Vorurteilen und Hemmungen. Wer das schafft, hat gewöhnlich schon die notwendigen Voraussetzungen, um die Probleme, welche bei der Kontrolle der Energie auftreten, bewältigen zu können. Die größte Gefahr liegt, vom Standpunkt der Kontrolle aus gesehen, bei den sogenannten Spontaneitätslehren (z. B. die Bhagwan-Bewegung).

Die praktische Realisierung der Spontaneitätsideologie führt tatsächlich zum Abbau von Vorurteilen und Hemmungen. Der Unterschied liegt jedoch darin, dass der Vorgang in diesem Fall nicht gezielt, sondern zufällig ist. Jede dieser Spontaneitätsgruppen hat bestimmte Vorstellungen darüber, was Spontaneität ist, in welchem Handeln sich Spontaneität ausdrückt. Diese Vorstellungen machen sich als ein gewisser Gruppendruck bemerkbar. Und der Praktizierende wird diese Art von Spontaneität zu irgendeinem Zeitpunkt, wenn ihm gerade danach ist - also spontan - realisieren. Oberflächlich gesehen hat er damit das getan, was wir oben geschildert haben. Genau betrachtet besteht jedoch ein erheblicher Unterschied. Er hat sich mit seinem Vorurteil oder seinen Hemmungen nicht bewusst und zielgerichtet auseinandergesetzt und sich im Bewusstsein all seiner damit verbundenen Probleme der Übung gestellt, sondern die Übung wurde zu einem Zeitpunkt durchgeführt, als die äußeren und inneren Umstände soweit günstig waren, dass sie mit einem Minimum an Widerstand, im Idealfall sogar zum Zeitpunkt eines gerade aufflammenden Enthusiasmus, der ihn zu dieser Übung hintrieb, durchgeführt wurde. Die Möglichkeit des bewussten Handelns, der Kontrolle über die eigenen Handlungen, erfährt dabei keine Weiterentwicklung. Kontrolle wird nicht nur nicht gefordert, sondern sogar verabscheut. Wird diese Technik konsequent durchgeführt, so endet sie mit Sicherheit in den oben beschriebenen pathologischen Geisteszuständen. Dass die geistige Gesundheit in den meisten Fällen dennoch erhalten bleibt, hat einen anderen Grund.

Die Spontanbewegungen führen diese Befreiung der sexuellen Energie nicht annähernd bis zum Ende; im Gegenteil. Ihr Zweck ist gewöhnlich der, die sexuellen Energien des Übenden im Anfangsstadium soweit zu erhöhen, dass ein neuer Realitätstunnel – der des Anhängers dieser Bewegung – geschaffen wird, der Praktizierende danach aber wieder auf das Normal-Level zurückgleitet.

Der normale Ablauf ist folgender: Der Praktizierende kommt, so wie er ist, mit all seinen Vorurteilen und Hemmungen zu einer Gruppe, welche die Spontan-Ideologie vertritt. Die Handlungsnormen dieser Gruppe unterscheiden sich in einigen Punkten – insbesondere auch im sexuellen Bereich – von seinen bisherigen und die Gruppenmitglieder erscheinen dadurch als freier und spontaner. In der folgenden Zeit kommt es dazu, dass das neue Gruppenmitglied sich – spontan – an den Gruppenaktivitäten beteiligt. Schon beim normalen Menschen löst alles Neue, Unbekannte, Geheimnisvolle, Emotionen aus. Um wie viel mehr geschieht dies unter solchen gezielten Umständen, die auch im Bereich des Sexuellen neue Erfahrungen bringen und nach der oben geschilderten Gesetzmäßigkeit stärkere Energieflüsse auslösen.

Diese stärkeren Energien fließen jedoch immer nur durch eine einzige bestimmte Art von Imaginationen, nämlich die der Gruppenideologie und des Gruppenverhaltens. Zuerst gelangen der alte und der neue Realitätstunnel ins Gleichgewicht und bis zu diesem Punkt ist ein Fortschritt erzielt worden. Das neue Gruppenmitglied sieht seine vorherigen Aktivitäten kritischer, es kann über viele seiner vorherigen Vorurteile und Hemmungen lächeln, und es hat neue Sichtweisen, die ihm vorher undenkbar erschienen, erlernt. An diesem Punkt geht es jedoch nicht weiter.

Die Imaginationen bleiben immer die gleichen, die Folge ist, dass das neue Gruppenmitglied gegenüber seinen vorherigen Verhaltensweisen Vorurteile und Hemmungen aufbaut und die neuen genauso vorurteilsbehaftet als absolut und richtig anerkennt. An diesem Punkt ist der Vorgang der Veränderung beendet und die ganze Gruppenideologie der Spontaneität gewährleistet, dass die Gefahr, dass es zu einer weiteren Veränderung kommt, sehr gering ist. Denn dass diese neuen Werte wieder in Frage gestellt werden, liegt nicht im Ziel der Bewegung.

Der Vorgang ist bei Menschen, welche von sich aus mit Spontaneität experimentieren, gewöhnlich der gleiche. Sie probieren spontan einige neue Sachen aus und machen diese dann zu ihren neuen Vorurteilen. Sie vergleichen sich während ihres weiteren Lebens mit ihrem alten Sein und verbleiben so immer in der Täuschung, sich weiterentwickelt zu haben, obwohl sie eigentlich nur mit umgekehrten Vorzeichen das geblieben sind, was sie waren. Auch hier schützt sich die Magie selbst.

Die Vernachlässigung der dritten Aufgabe - Stärkung des Energienetzes - hat gewöhnlich Tod oder Invalidität zur Folge. Die Energien sind für ihre Kabel, die Nadis oder Pfade und auch die Nerven zu stark und das Leitungssystem brennt durch. Die logische Folge ist Lähmung oder Tod.

Auch diese Gefahr kann, wenn man dem normalen Ablauf der Ereignisse, wie beim ersten Fall geschildert folgt, kaum auftreten. Es gibt jedoch einige Übungen, die sexuellen Energien sehr schnell auf ein höheres Niveau bringen, und die Adepten der Sexualmagie kennen sie. Dass ein Uneingeweihter diese Übungen, selbst wenn sie ihm bekannt wären, richtig anwenden könnte, ist ziemlich unwahrscheinlich. Wenn wir also davon ausgehen, dass die Gefahr eines zu schwachen Leitungsnetzes hauptsächlich dann auftritt, wenn ein geschulter Adept der Sexualmagie mit einem nicht genügend vorbereiteten normalen Menschen zusammenarbeitet, so kann man diese Gefahr hauptsächlich als Warnung an die, welche in der Sexualmagie ausbilden, betrachten.

Die Gefahr eines zu schwachen Energienetzes tritt außerdem bei schon ziemlich weit entwickelten Adepten der Sexualmagie auf. Ab einer gewissen Ausbildungsstufe kann der Adept fast frei über die Größe des Energieflusses bestimmen. Auch auf dieser Stufe kann ein Irrtum tödlich sein.

Nachdem wir die praktischen Anforderungen soweit geklärt haben, wollen wir zu den grundsätzlichen Überlegungen zur Sexualmagie zurückkehren.

Die Hemmung der Tendenz zur Lust ist eine wesentliche Komponente der Kontrolle der Elementarkraft Feuer oder der Libido. Das bedeutet aber nicht, dass kein Lustgewinn stattfindet, sondern nur, dass das Primärziel nicht Lust ist.

Der Sekundäreffekt jeder sexualmagischen Handlung auf auch nur einigermaßen fortgeschrittenen Stufen ist eine Ekstase, die der Menge der fließenden Energie proportional ist. Diese Ekstase äußert sich jedoch auf den fortgeschritteneren Ebenen nicht mehr wie der normale Orgasmus in körperlichen Spasmen, denn diese Körperbewegungen und Zuckungen sind nur die Folge von Muskelverspannungen, welche wiederum der Ausfluss psychischer Verspannungen oder Hemmungen sind. Je mehr diese aufgelöst werden, desto ruhiger wird der äußerliche, körperliche Verlauf des Orgasmus, welcher sich von den ursprünglichen Spasmen zu einem den ganzen Körper gleichmäßig erfassenden Fließen entwickelt. Der Hauptteil der Energie fließt nicht mehr durch den Körper, sondern direkt durch den Geist in das imaginierte Bild. Der größere Teil des Orgasmus liegt somit auf geistiger Ebene, wenngleich der körperliche Teil immer noch um ein vielfaches höher ist als das durchschnittliche Lustempfinden.

Starke Flüssigkeitsverluste und kurzzeitiges Dampfen des ganzen Körpers zeigen die Intensität der körperlichen Empfindungen bei dieser Art Orgasmus.

Der magisch kontrollierte Orgasmus erzeugt ein feinstoffliches oder astrales Bild der Idee, welche beim Orgasmus im Geist vorherrscht. Durch Wiederholung werden diese Bilder verstärkt. Dies ist der Grund, weshalb der unkontrollierte Orgasmus zwanghafte Wirkungen hervorruft. Jeder Orgasmus erzeugt Realität. Beim magisch kontrollierten Orgasmus wird die Energie nicht in ein zwanghaftes oder zwanghaft werdendes Bild - die Tendenz zur Lust oder die Erdung der Energie - geleitet, sondern durch den Willen darauf gerichtet, in einer speziell für sie vorbereiteten Form (Imagination) zu inkarnieren.

Jede Ursache hat eine Wirkung[4]. Wird die natürliche Wirkung des Sexuellen (Kindeszeugung) verhindert, so ist die entladene Energie nicht verloren, sondern sie fließt einem anderen Zweck zu. Kann die entladene Energie kontrolliert und gebändigt werden, so fließt sie dem gewünschten Zweck zu.

Der magisch kontrollierte Orgasmus evoziert oder fixiert spezifische Bilder des unbewussten Geistes, welche je nach der Menge der verfügbaren Energie augenblicklich und vital lebendig werden. Ist aber die Kontrolle oder der magische Schutz unzureichend, so werden diese Bilder zwanghaft und führen zu quälender Besessenheit.

Die imaginierten Bilder sind eigentlich nichts anderes als dynamische Verbindungen zu den tiefsten Wirkungszentren des Unbewussten. Sie wirken als Schlüssel zu dem Objekt der Operation.

Der magische Wille muss vollkommen standfest sein, d. h. es darf keinen einzigen, abirrenden Gedanken geben und das Bild (die Imagination) muss mit vollkommener Ökonomie der Bedeutungen formuliert werden. Das Bild darf nicht zu wenig Einzelheiten der gewünschten Wirkung enthalten, da sie sonst nicht klar genug formuliert ist. Es darf aber auch nicht zu viel Einzelheiten enthalten, da die Kontrolle dadurch schwerer wird und die Wirkung nicht mehr einpunktig ist. Im Moment des Orgasmus darf nichts anderes im Geiste sein, als dieses ökonomisch formulierte

---

4   Dieser Satz ist natürlich nicht ontologisch gemeint. Er beschreibt nur eine - möglicherweise neurophysiologisch bedingte, mit Sicherheit jedoch weit verbreitete - Art, wie Menschen Ereignisse strukturieren.

Bild des „Kindes", von dem beabsichtigt ist, es zur Geburt zu bringen.

Die Metapher des „zur Geburt gebrachten Kindes" ist eine sehr treffende. Die Energie, welche keine Möglichkeit findet, auf dem Feld zu wirken, welches biologisch für sie vorgesehen ist, brütet statt physikalischer Abkömmlinge (Kinder) Phantome aus einer feineren Materie (Astralkinder) aus. Wenn diese Astralkinder nicht unter Kontrolle gehalten werden können, entwickeln sie sich zu qliphotischen Wesenheiten, welche sich von den Energien des Menschen ernähren, ihn vampirisieren, seine Nervenenergien aufsaugen, durch jeden weiteren Sexualakt immer stärker werden und ihn völlig unter Kontrolle bekommen.

Éliphas Lévi beschreibt die Situation wie folgt: „Wenn jemand Phantome für sich schafft, setzt er Vampire in die Welt und muss diese Kinder seines freiwilligen Alpdrückens mit dem eigenen Blut ernähren, mit dem eigenen Leben, der eigenen Intelligenz und der eigenen Vernunft, ohne sie jemals zu befriedigen."

Wenn richtig gebraucht, gibt es allerdings keine Grenze für das, was durch die magische Leitung der sexuellen Energien gefahrlos erreicht werden kann. Diese Aussage ist ganz wörtlich gemeint. Es gibt keine Grenze.

Sexualmagie und Tantra

Sexualmagie und Tantra stehen in enger Verbindung miteinander, denn das Wesentliche des tantrischen Rituals besteht in seiner Verbindung mit den magisch ausgelösten

Éliphas Lévi (1810 - 1875). Aleister Crowley wurde in Lèvis Todesjahr geboren und erkannte sich als dessen Reinkarnation. Lèvi, eigentlich Alphonse Louis Constant, war ein französischer Magier, okkulter Forscher, Schriftsteller, katholischer Geistlicher und ein Wegbereiter der magischen Erneuerung am Ende des 19. Jahrhunderts. Wer sich für Leben und Werk von Aleister Crowley interessiert, sollte Lèvi studieren.

Ekstasen des sexuellen Orgasmus. Die Ekstase des Bewusstseinsstromes kann sowohl magisch als auch mystisch angewandt werden. Die magische Anwendung operiert in den unteren Chakren, die mystische in den höheren. Was als Samen ejakuliert, ist vom mystischen Standpunkt her gesehen nicht absorbierte Energie (Prana oder Ojas). Diese mystisch nicht absorbierte Energie wirkt magisch, d. h., sie trägt immer zur Schöpfung materieller Formen bei, egal, ob die Energie in einem Bauch untergebracht wird oder nicht. Wenn nicht, wird der Ausfluss (wie bei Masturbation, Sodomie, Fellatio etc.) von astralen und qliphotischen Wesenheiten aufgenommen und in Organismen eingebaut, welche auf den feineren Ebenen existieren.

Paracelsus verweist auf Homunkuli (künstlich erzeugte Kreaturen), welche aus dem Sperma, unabhängig vom weiblichen Organismus, geschaffen werden und auf astrale Larven und parasitäre Monster, welche aus der Substanz der wollüstigen Bilder gebaut sind.

In einer ägyptischen Schöpfungslegende (Papyrus von Nesi Amsu) ist der Sonnengott Atum beschrieben, als sein Glied in seine Hand stoßend und seinen Wunsch erfüllend. Der Gott Kephra wird in dem gleichen Papyrus als der dargestellt, welcher Vereinigung mit seiner Hand hatte und seinen Schatten in einer Liebesumarmung umarmte. Der Schatten ist das Kind der Vereinigung mit der Hand, es ist der Sukkubus. In der rabbinischen Folklore ist sein Name Lilith, die erste Frau von Adam, welche aus der Substanz seiner Imagination, dem Überfließen seiner Träume (Pollution) geschaffen wurde.

Eva ist in diesem Sinne nur ein anderer Aspekt des Sukkubus. Eva und Lilith sind nicht zwei unterschiedliche Wesen, sondern nur zwei unterschiedliche Aspekte der gleichen Wesenheit. Der solare und schöpferische Aspekt wurde Eva genannt, der lunare, dämonische, Lilith. Aber auf dieser Stufe geht es schon nicht mehr um magische

Wirkungen, denn der Inkubus oder Sukkubus wird zum Selbst oder dem Heiligen Schutzengel. Er ist das unsterbliche Prinzip im Menschen, das unentwirrbar mit der Sexualität bzw. den sexuellen Energien verbunden ist, welche umgekehrt den Schlüssel dazu bilden.

Die spirituelle Matrix des Menschen, das, was ich in meinem Buch „Psychologik" als „Alien" bezeichnet habe und was gewöhnlich als Geist, Selbst oder der Heilige Schutzengel bezeichnet wird, wird durch die Energien der Ekstase genährt. Aber nur durch jene Energien der Ekstase, welche nicht magisch gerichtet sind. Magische Energien zeugen außen, mystische Energien innen. In diesem Sinne wird das innerste Selbst Inkubus oder Sukkubus genannt, genau wie die auf magische Art geschaffenen Wesen gleicher Art. Beide sind ihrem Wesen nach nicht unterschiedlich und für den Außenstehenden gleich. Der Unterschied besteht für dich selbst. Der Unterschied ist, ob du auf magische Art ein von dir unabhängiges, astrales Wesen aus deinen sexuellen Energien erzeugst mit all den damit verbundenen Gefahren und Vorteilen oder ob du durch mystische Anwendung der sexuellen Energien dich selbst auf den höheren Ebenen erzeugst bzw. den dort von dir vorhandenen Geistfunken mit diesen Energien nährst und stärkst. Für ein besseres Verständnis dieser Angelegenheit möchte ich kurz zur Theorie der Inkarnationen abschweifen.

Inkarnation, Geist und Bio-Roboter

Die materielle oder physikalische Matrix des Menschen wird Körper genannt. Seine spirituelle Matrix wird Geist genannt. Die genauen Zusammenhänge sind in meinem Buch „Psychologik" erklärt und begründet und ich gebe das Ganze hier nur so wieder, wie es für uns pragmatisch relevant ist, d. h., die Darstellung erhebt keinen Anspruch auf Vollkommenheit oder Wahrheit, ist aber im Sinne des Konstruktivismus passend. Dass die Darstellung passt, bedeutet in dem Zusammenhang, dass die Ergebnisse unseres Handelns genauso sind, wie diese Theorie es voraussagt.

Der Geist ist Ergebnis und Grundlage der Evolution der Menschheit[5]. Er ist einerseits vom Körper unabhängig insoweit, als er nicht materiell ist, steht andererseits aber mit dem Körper in Verbindung, da dieser für ihn auf der Stufe des unerleuchteten Menschen die einzige Verbindung zur Außenwelt ist und er aus diesem Körper auch seine Energien bezieht. Der Körper ist sozusagen der Transportroboter des Geistes, sowohl seine Sinnesorgane als auch sein Nahrungslieferant. Dieser Geist ist beim normalen Menschen sozusagen ein kleines Fünkchen, eine Sternschnuppe, welche fast vollständig vom Körper abhängig ist. Beim Erleuchteten ist aus dieser Sternschnuppe ein Stern, eine unabhängig existierende Sonne geworden[6].

---

5   Für jene Leser, welche mit den Seth-Manuskripten von Jane Roberts vertraut sind, sei angemerkt, dass diese Darstellung mit der von Seth vollständig übereinstimmt, auch wenn es auf den ersten Blick nicht so scheint. Der Blickwinkel ist einfach etwas anders.
6   In der Sprache der Seth-Manuskripte könnte man - etwas vereinfacht - sagen, dass es darum geht, ob das Individuum als Ausfluss der Wesenheit

Vom Leben und Vergehen des Geistfünkchens

Das Geistfünkchen ist nach dem Tod des materiellen Körpers nur begrenzte Zeit lebensfähig. D.h., es kann nur überleben, wenn es sehr schnell eine neue materielle Matrix, einen neuen Körper findet. Nach vorherrschender Meinung besetzt die Geistmatrix den Fötus im dritten Monat der Schwangerschaft. Je länger dieses Geistfünkchen ohne Körper ist, desto schwächer wird es, bis seine Kraft nicht mehr ausreicht, die Matrix zusammen- und aufrechtzuerhalten und die Einzelteile einfach in den astralen Winden verweht werden. Es ist ähnlich, als wenn man aus nassem Sand eine Kugel formt. Solange der Sand nass ist, behält die Kugel ihre Form, die Matrix bleibt gewahrt. Je trockener der Sand wird, desto mehr bröckelt ab, bis zum Schluss nur noch ein ganz normales Sandhäufchen, welches von anderem Sand ununterscheidbar ist, übrig bleibt.

Das Geistfünkchen kann durch die oben beschriebenen Techniken während des Lebens bzw. während seiner körperlichen Inkarnation durch Zuführung von Energie und den Erwerb neuer Strukturen gestärkt werden. Erleuchtung heißt im Prinzip nichts anderes, als dass dieses Geistfünkchen so stark geworden ist, dass es fähig ist, ohne körperliche Matrix zu existieren. In diesem Moment hat es die Notwendigkeit körperlicher Inkarnation endgültig hinter sich gelassen.

---

eine eigene, individuelle Wesenheit wird, oder nach dem Tode wieder von der Wesenheit absorbiert wird. Sicher bleiben auch im letzteren Falle alle seine Erfahrungen erhalten, aber es ist doch ein statischeres Sein, dessen weitere Entwicklung von der Wesenheit abhängig ist.

Wir sehen also, es geht um zwei Dinge: Zum einen muss das Geistfünkchen durch Zuführung von Energie, wie oben beschrieben, gestärkt werden. Zum anderen muss das Geistfünkchen seine Matrix erweitern, was durch neue Erfahrungen bzw. durch die Imaginationen, welche die Energie durchfließt, geschieht. Und hier stoßen wir direkt auf das große und schwierige Thema des Karmas.

Der Alien (Geistfünkchen) und sein Trägerroboter.

Karma erkennen und verändern

Je größer die Energie ist, welche eine Imagination durchfließt, desto stärker ist dieser Teil der Matrix des Geistes
und desto mehr bestimmt er sein Handeln. Nehmen wir
an, ein Adept führt eine sexualmagische Arbeit mit dem
Ziel, Geld zu erlangen durch, und der einzige Anlass dazu
ist materielles Streben. Dann wird dieses materielle Streben sehr stark in seine Geistmatrix eingebrannt. Die Folge
ist, dass sein Streben noch materieller wird, solange, bis er
jedes spirituelle Streben aufgibt, wodurch die Geistmatrix
wieder schwächer wird, da sie keine neue Energie erhält
und die Folge ist, dass dieser Adept wieder auf niedrigere
Stufen des Daseins absinkt. Der umgekehrte Fall verläuft
natürlich genauso. Sind die materiellen Bilder in die Matrix
sehr stark eingeprägt, so gibt es nur zwei Möglichkeiten,
dieses Karma wieder loszuwerden[7].

Die erste ist, dass man - wenn man dazu noch in der
Lage ist - entsprechende spirituelle Gegenbilder aufbaut.
Solange sich beide Teile der Matrix die Waage halten,

---

7   Mir ist bewusst, dass diese Darstellung etwas vereinfacht ist - allerdings
nur in dem Sinne, dass sie einen spezifischen Blickwinkel hervorhebt, der für
unser Thema bedeutsam ist. Ich stelle die Inkarnationen hier als linear oder
sequenziell (aufeinander folgend) dar. Unter einem anderen Blickwinkel könnte
man sie als parallel oder als gleichzeitig stattfindend betrachten. Da Zeit - besonders die sequenzielle Anordnung von Ereignissen als Zeit - ein Spezifikum
unserer dreidimensionalen Strukturierung des Multiversums ist, stellen sowohl
die parallele als auch die sequenzielle Auffassung von der Abfolge der Inkarnationen zwei Blickwinkel des tatsächlichen Geschehens dar, welches in einem
Multiversum stattfindet, für das beide Strukturierungen nicht konstitutiv sind.
Da aber jedes Ereignis alle anderen beeinflusst, ist die vorliegende Darstellung
ein zulässiger Blickwinkel - auch wenn nur eine Einflussrichtung betrachtet
wird.

ist man in der Lage, frei zu entscheiden. Ist man jedoch nicht mehr dazu in der Lage, die spirituellen Gegenbilder aufzubauen, so wird die Geistmatrix immer schwächer, solange, bis das Fünkchen so klein geworden ist, dass auch die materiellen Bilder nur noch verschwommen und fast verschwunden sind. Erst in diesem Moment ist man dann wieder frei, andere Entscheidungen zu treffen - vorausgesetzt man kann es noch. Jedenfalls findet bis dahin ein stetiger spiritueller Niedergang statt. Dieser Vorgang ist das ganze Geheimnis des soviel mystifizierten Karmas, über welches soviel Unsinn geschrieben wurde.

Für die Geistmatrix gibt es so vier Möglichkeiten:
1. Die Geistmatrix kann so schwach sein, dass sie das Ende der körperlichen Matrix nicht überlebt, weil sie nicht mehr imstande ist, sich von ihr zu lösen bzw. nicht mehr genügend Energie und Struktur besitzt.
2. Die Geistmatrix kann genügend Stärke besitzen, um den Sprung zu einer anderen körperlichen Matrix dem Fötus eines drei Monate alten Kindes zu schaffen, und dort neu zu inkarnieren.
3. Die Geistmatrix kann so stark sein, dass sie in der Lage ist, längere Zeit ohne Körper zu überleben; sie kann dann auf den anderen Ebenen neue Erfahrungen sammeln und ist in der Lage, sich in Ruhe einen passenden, neuen Körper auszusuchen.
4. Die Geistmatrix kann so stark sein, dass sie gar keine Energie mehr aus der körperlichen Matrix benötigt, dass sie selbstständig unabhängig überlebensfähig

ist. In diesem Fall ist eine weitere Inkarnation unnötig, obwohl sie aus anderen Gründen dennoch oft stattfindet.

Hier will ich die grundlegenden Einführungen in die Sexualmagie erst einmal beenden. Viele der Einzelthemen werden später ausführlich behandelt. Widmen wir uns in den folgenden Kapiteln praktischen Erwägungen.

3. Unterweisung:
Die Vorbereitung

● ●

Wenige Liebhaber bedenken, dass man nicht gerade alles wie die Bratwurst in der Garküche vom Rost in den Mund nehmen kann, sondern dass Vorbereitung verlangt wird sowohl unserer als des Gegenstandes.

Johann Wolfgang von Goethe

Vorbereitungen zur Ausübung der Sexualmagie

Die für den VII.° der O.T.O.-Ausbildung[1] gegebenen Texte werden in ihrer Bedeutung meist unterschätzt. Zum Teil gilt das auch für die Texte des VIII.°, da die meisten Übenden so schnell wie möglich zum IX.° vordringen, zum direkten Einsatz des Koitus für die Sexualmagie. Die Wichtigkeit der für die unteren Grade gegebenen Texte sollte aber aus den Ausführungen des vorangegangenen Kapitels deutlich geworden sein. Die Arbeitsanweisungen des VII.° sind im Wesentlichen Konzentrationsübungen. Das Erlangen der Fähigkeit, das imaginierte Bild ohne Flackern im Geist festzuhalten, ist, wie wir gesehen haben, unabdingbare Voraussetzung, um sexualmagische Arbeit gesund zu überstehen.

Die schriftlichen O.T.O.-Unterweisungen sind - wie alle Crowley-Texte - nur Begleittexte zu der persönlichen Unterrichtung. Sie sind so aufgebaut, dass sie an das persönlich Vermittelte anknüpfen und auf diesem aufbauend neue Gedankengänge anregen und höhere Verständnisebenen fördern. Ich will deshalb in diesem Kapitel versuchen, die persönliche Unterrichtung und die vorhergehenden Übungen soweit wie möglich zu vermitteln und somit das, was wir im ersten Kapitel theoretisch behandelt haben, in praktische Übungen umsetzen.

Bei der Vorbereitung zur Ausübung der Sexualmagie gilt es, vier Hauptpunkte zu beachten. Die Reihenfolge,

---

1 Eine tabellarische Übersicht der einzelnen Grade ist auf S. 111 f. zu finden

in welcher die vier Punkte aufgeführt sind, stellt weder eine Rangordnung noch eine zeitliche Aufeinanderfolge dar. Alle vier Übungen können parallel zueinander durchgeführt werden und sollten bis zu dem angegebenen Ziel geübt werden, um mit der Ausübung der Sexualmagie gefahrlos und effektiv beginnen zu können.

1. Asana - Körperbeherrschung
2. Pranayama - Beherrschung der Emotionen/Energien
3. Umkehrung der Sinne - Wandlung von Emotion in frei fließende Energie
4. Wahl des geeigneten Partners

1. Asana - Körperbeherrschung

Ein imaginiertes Bild scharf und ohne Abschweifung aufrechtzuerhalten, erfordert die Beherrschung der Gedanken in höchstem Maße. Da es ziemlich schwierig ist, diese Fähigkeit zu erlangen, wurden Systeme entwickelt, die mit abgestuften Schwierigkeitsgraden geübt werden können.

Eines der bekanntesten und effektivsten ist das System des Yoga, welches - obwohl es aus einer völlig anders gearteten Kultur kommt - in den Grundzügen auch für uns anwendbar ist. Die Anwendung geschieht, wenn wir Sexualmagie = Tantra setzen, auch in ähnlicher Form, da die Tantra-Ausbildung vor der Initiation in die höheren Stufen die Bewältigung von Hatha-Yoga, zu welchem Asana und Pranayama gehören, verlangt. Der dahinter stehende Gedanke ist folgender: Gedanken zu beherrschen ist deshalb so schwer, weil Gedanken sehr flüchtige Dinge sind. Dass wir nicht mehr bei dem Gedanken verweilen, auf den wir uns konzentrieren wollten, merken wir gewöhnlich erst, wenn wir schon eine ganze Weile bei völlig anderen Gedankengängen sind. Im Gegensatz dazu fällt es uns ziemlich leicht, einen materiellen Gegenstand festzuhalten. Wir sind gewöhnlich in der Lage, es sofort zu bemerken, wenn wir ihn loslassen und haben gewöhnlich auch sehr viel mehr Einfluss darauf, ob wir ihn loslassen und einen anderen Gegenstand in die Hand nehmen, als es bei den Gedanken der Fall ist.

Für die Ausbildung zur Beherrschung der Gedanken wurde deshalb ein Stufensystem aufgebaut, welches mit der Beherrschung des materiellen Körpers beginnt und dann über die Beherrschung der Emotionen, welche den Gedankenablauf sehr stark beeinflussen, zur Gedankenbeherrschung übergeht. Man kann das auch umgekehrt aufbauen, indem man sagt, dass zur Beherrschung der Gedanken die Beherrschung der Emotionen und des Körpers notwendig ist, da jede körperliche oder emotionale Veränderung auch eine Veränderung der Gedanken zur Folge hat.

Asana ist die Übung, durch welche wir die Kontrolle des Körpers erlernen. Asana besteht im Wesentlichen darin, dass man sich irgendeine beliebige Stellung aussucht und lange Zeit reglos in ihr verharrt. Schon bei den ersten Versuchen wirst du feststellen, dass die Beherrschung des materiellen Körpers nicht so einfach ist, wie man gewöhnlich denkt. An der einen Körperstelle juckt es, an der anderen zwickt es - hier verkrampft sich ein Muskel und dort zuckt ein Glied. Außerdem beginnt man die ersten Probleme mit der Beherrschung der Emotionen zu erahnen, denn die Übung wird nach kurzer Zeit fürchterlich widerwärtig.

Wenn man diese Schwierigkeiten gemeistert hat, stellt man fest, dass die gewählte Stellung die bequemste überhaupt vorstellbare Stellung ist und das Einnehmen dieser Stellung sofort zu tiefer Entspannung, Energie und Konzentration führt - der Körper stört nicht mehr.

Wenn wir das geschafft haben, sind wir in der Lage, unseren Körper genauso wie unser Auto zu parken, ihn abzustellen und uns auf andere, feinere Ebenen der Wirklichkeit

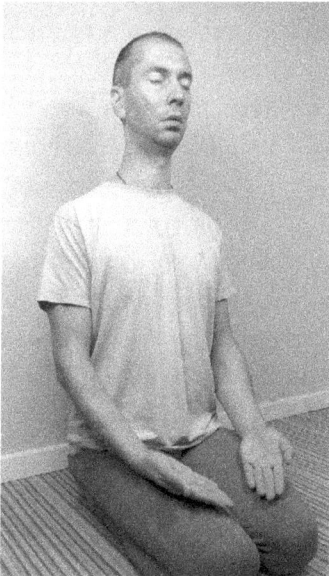

Der Drachensitz (oder auch Diamantsitz) ist eine Asana-Sitzstellung auf dem Fußboden, die ohne Hilfsmittel eingenommen wird.

zu begeben bzw. uns von einer sicheren, festen Grundlage aus mit Emotionen und Gedanken zu beschäftigen.

Für unsere Zwecke ist es am sinnvollsten, eine Asana-Sitzstellung einzunehmen, d. h. eine Sitzstellung auf dem Fußboden ohne Hilfsmittel, wie Stuhl, Lehne, Kissen usw. Für westliche Menschen und für die hier geforderten Praktiken ist der sogenannte Drachen- oder Diamantsitz nach unseren Erfahrungen am besten geeignet.

Lass dich auf die Knie nieder, das Hinterteil ruht auf den Fersen, die Zehen sind zurückgebogen, sodass der Spann flach auf dem Boden aufliegt, Rücken und Kopf sind gerade aufgerichtet in einer Linie, die Hände liegen mit den Handflächen nach oben auf den Schenkeln. Versuche nun in dieser Stellung regungslos zu verharren, sozusagen den Körper abzustellen und zu vergessen.

Zu Anfang kannst du dir das Sitzen im Asana dadurch erleichtern, dass du irgendeine geeignete Musik hörst. Das wird dir zum einen bei der Überwindung der Langeweile helfen, zum anderen lenkt es dich von den ständigen Angriffen des Körpers durch Jucken, Zittern usw. ab. Sobald es geht, solltest du aber dazu übergehen, die Asana-Übung in einem möglichst ruhigen, abgedunkelten Raum durchzuführen und währenddessen auf ein Mantram zu meditieren. Mantram-Meditation heißt für unseren Zweck, dass du dir ein beliebiges Wort nimmst, an welches du denkst und welches du im Geist ständig wiederholst[2].

---

2   Heilige Gottesnamen oder ein Mantram mit jahrtausendelanger Geschichte sind nicht geeignet. Würden wir das als Mantram benutzen, wäre das Gefühl der Heiligkeit, des erhabenen Strebens sofort zur Stelle. Aber wir brauchen Energie statt (geprägter) Emotion. Es ist dasselbe Thema wie weiter oben; wer seinen Vorlieben folgt, bleibt in der vertrauten Tunnelrealität - wer den Weg

Kümmere dich dabei weder um deinen Atemrhythmus, noch um Schnelligkeit oder den Rhythmus, in welchem du das Mantram geistig aussprichst. Du wirst nach kurzer Zeit feststellen, dass du plötzlich an etwas ganz anderes denkst. An dieser Stelle kommt es vor allem darauf an, dass du dich darüber nicht ärgerst, sondern diese Tatsache ganz gelassen hinnimmst, und einfach dein Mantram wieder aufnimmst.

Eine weitere Übung, die du während des Asanas machen kannst, ist eine Dharana-ähnliche Meditation, welche deine Fähigkeit zur Imagination fördert. Du nimmst dir irgendein beliebiges Symbol, einen Kreis, ein Dreieck oder irgendetwas anderes in einer beliebigen Farbe und stellst dir dieses Bild geistig so exakt wie möglich vor. Dann versuchst du es festzuhalten. Du siehst nur dieses Symbol, sonst siehst, hörst oder denkst du nichts. Diese Übung ist zwar schon sehr schwierig, aber du solltest ruhig schon anfangen, damit zu experimentieren.

Asana muss über mehrere Monate hinweg täglich mindestens eine Stunde geübt werden, sodass du mindestens eine Stunde täglich vollkommen reglos in der Asanastellung verharrst. Schon in der ersten Woche werden fürchterliche Schmerzen auftreten. Es ist völlig egal, welche Stellung du wählst, in jeder Stellung treten nach einiger Zeit des reglosen Verharrens Schmerzen auf. Deshalb ist es sinnlos, zu einer anderen Stellung überzuwechseln. Die Asanastellung zu wechseln ist nur Zeitverschwendung. Jede

---

des bedeutungslosen Mantras wählt, wird eigene Genüsse kennenlernen. Besonders wirkungsvoll sind ein- oder zweisilbige Kunstworte ohne Bedeutung. (Anm. d.Hrsg)

Stellung, von der du denkst, dass sie bequemer wäre, ist es nur ganz kurze Zeit, danach treten die gleichen Probleme auf, wie bei jeder anderen.

Bleibe, egal was passiert, egal, wie groß die Schmerzen sind, eine Stunde lang reglos sitzen. Kürzere Zeiten bringen keine Weiterentwicklung. Du darfst auch keinen Tag auslassen, da du dadurch mehrere Tage oder Wochen zurückfällst. Asana muss täglich regelmäßig mindestens eine Stunde ausgeübt werden, um Ergebnisse zu erzielen.

Schon nach wenigen Wochen täglicher Praxis treten spektakuläre Ereignisse ein. Du wirst dich zum Beispiel während des Asanas fühlen, als wärst du auf einem Trip und auch ähnliche Erlebnisse haben, oder du wirst auf einmal feststellen, dass du in einem anderen Raum deiner Wohnung stehst, und gar nicht weißt, wie du dorthin gekommen bist. Du brauchst dir allerdings keine Sorgen machen, es kann dir dabei nichts passieren. Die eintretenden Ereignisse sind oft sehr beeindruckend, aber sie sind nicht das Ziel. Du musst weitermachen. Wenn du eine Stunde reglos im Asana verharren kannst, dann geh zu zwei Stunden über. Irgendwann kommt dann der Tag, an dem du dich in das Asana niedersetzt und feststellst, dass dies die bequemste überhaupt vorstellbare Stellung ist und du verspürst eine sofortige tiefe Entspannung, Energie und Konzentration. Dann hast du das Ziel erreicht.

2. Pranayama

Pranayama ist nicht nur wie oben geschildert, die zweite Stufe auf dem Weg zur Gedankenkontrolle, sondern Pranayama dient auch der Willensschulung, der Reinigung der Nadis, der Energieanreicherung und Harmonisierung. Bei der Beschäftigung mit Pranayama wollen wir uns nicht mit den komplizierten indischen Theorien über Prana auseinandersetzen. Wir betrachten Pranayama einfach als Atemübung. Pranayama wird im Asana durchgeführt.

Erste Stufe: Rhythmus 20-10

Atme tief und vollständig ein. Dann hältst du mit dem Daumen der linken Hand das linke Nasenloch zu und atmest 20 Sekunden lang gleichmäßig aus, bis die Lunge vollständig geleert ist. Nun atmest du 10 Sekunden gleichmäßig ein. Danach muss die Lunge prall gefüllt sein. Nun hältst du mit dem Daumen der rechten Hand das rechte Nasenloch zu und verfährst genauso. Die untätige Hand ruht auf dem Oberschenkel.

Wenn du diesen Rhythmus eine Stunde lang leicht, ohne Zucken der Bauchmuskeln und ohne Atemnot durchatmen kannst, gehst du zur nächsten Stufe über.

Zweite Stufe: Rhythmus 30-15

Atme genauso, wie in der ersten Stufe, aber die Dauer des Ausatmens beträgt 30 Sekunden, die Einatemzeit 15 Sekunden.

Dritte Stufe: Rhythmus 15-15-15

Atme wie vorher, 15 Sekunden aus, 15 Sekunden ein und halte die Luft dann 15 Sekunden an. Während des Anhaltens der Luft liegen beide Hände auf den Oberschenkeln. Du musst dabei darauf achten, dass du nicht die Kehle zumachst, denn dadurch wirst du einen Überdruck in den Lungen erzeugen, was zu Schäden führen kann. Das Luftanhalten passiert einfach dadurch, dass die Brust- und Bauchmuskeln vorgestreckt bleiben.

Vergegenwärtige dir dazu, wie der Atemvorgang abläuft. Wenn du einatmest, ziehst du das Zwerchfell nach unten und streckst die Brustmuskeln nach vorne, sodass in der Lunge ein Unterdruck entsteht und durch die Nase Luft in die Lungen strömt. Wenn du die Muskeln in dieser Stellung hältst, bleibt der eingeatmete Zustand bestehen. Zum Ausatmen lässt du diese Muskeln einfach los, dann drücken sie die Luft heraus. Es ist wichtig, diese Atemvorgänge gut zu verstehen.

Vierte Stufe: Rhythmus 40-20

Atme wie bei Stufe Zwei, aber 40 Sekunden aus und 20 Sekunden ein. Wenn du auch dies eine Stunde lang vollkommen leicht durchführen kannst, dann gehe zur letzten Stufe über.

Fünfte Stufe: Rhythmus 20-10-30

Atme 20 Sekunden aus, 10 Sekunden ein und halte die Luft 30 Sekunden an. Berücksichtige dabei all die Hinweise, welche dir zur dritten Stufe gegeben wurden.

Wenn du diese fünfte Stufe auch gemeistert hast, d. h., wenn du sie eine Stunde lang leicht, problemlos, ohne Zucken der Bauchmuskeln und ohne Atemnot durchführen kannst, dann hast du vorerst genug geschafft. Man kann sagen, wer es schafft, eine Stunde lang reglos im Asana zu sitzen und wer außerdem die Fähigkeit und Fertigkeit erworben hat, eine Stunde lang einen Rhythmus von 20 aus, 10 Sekunden ein und 30 Sekunden halten zu atmen, der hat eine sichere Grundlage zur Ausübung aller weiteren Übungen geschaffen. Seine Fähigkeiten gehen jetzt schon weit über das hinaus, was die Mehrzahl aller Menschen schafft. Von dieser Plattform aus kann man gefahrlos in die Übungen der Sexualmagie einsteigen. Und erst jetzt wirst du die weiteren Übungen mit einiger Aussicht auf Erfolg durchführen können.

3. Umkehrung der Sinne[3]

Der nächste wichtige Punkt ist die psychische Vorbereitung. Die Formulierung einer Idee ruft eine unkontrollierbare Menge von Assoziation hervor. Jede Idee, jeder Gedanke, ist mit einer großen Menge anderer Ideen

---

3   Dieses Kapitel ist neben dem eigentlichen Inhalt auch als historisches Dokument bedeutsam; als Zeitzeugnis ist es ein einzigartiger Schatz zum Verständnis der Gesellschaft, des heutigen Christentums und von Thelema. Seit 35 Jahren befriedigen entsprechend veranlagte Personen ihre düsteren Lüste an „Umkehrung der Sinne" und verschleiern doch nur ihre Unkenntnis. Unter ihnen ganz normale Leute, Journalisten, Berufsrevolutionäre, Kirchenangestellte. Sie ergaben sich ihren Fantasien und erfanden das „Ekeltraining", mit dem sie ihre Angst vor Thelema belegen. Sie missdeuten ihre Hirngespinste als reale Vorgänge, sodass sie damit nichts zu tun haben. Psychologen kennen das unter dem Begriff Projektion. (Anm. K.G.)

verbunden, von denen einige stärker sind als der ursprüngliche Gedanke und deshalb gleiten unsere Gedanken in die
entsprechende Richtung ab. Aber auch, wenn dies nicht
der Fall ist, gibt es unter den assoziierten Ideen stärkere
und schwächere und sie alle werden im entsprechenden
Verhältnis mit der Energie versorgt, die eigentlich den
ursprünglichen Gedanken zugute kommen sollte.

Um wie viel mehr trifft dies zu, wenn wir mit stärkeren
Energien arbeiten. Jede positive Idee, die wir denken, ruft
sofort ihren Gegensatz hervor und da wir die negativen
Ideen und Gedanken gewöhnlich verdrängen, arbeiten sie
im Unbewussten weiter, sammeln immer stärkere Energien
und drücken sich in unserem tatsächlichen Handeln oft
stärker aus, als die bewussten und akzeptierten Gedanken.

Diese Tatsache ist unter den Praktikern von Magie und
Mystik seit Jahrtausenden bekannt. Es gibt nur ein Gegen-
mittel. Das „Liber L vel Legis" formuliert es wie folgt:
„Bindet nichts! Machet keine Unterschiede, denn dadurch
kommet Schmerz." Dies ist sowohl die Formulierung des
Ziels als auch des Weges. Die dazugehörige Technik ist als
„Umkehrung der Sinne" bekannt.

Die Doktrin der Umkehrung der Sinne ist so alt, dass
wir Hinweise auf sie in schon lange vor der christlichen
Epoche verfallenen tantrischen Traditionen finden. Die
Tamil Siddhas im Besonderen verweisen auf Praktiken, in
welchen das Einsaugen von weiblichem Urin und einge-
äschertem Dung (der Ausdruck Kuhmist, wie er in den
Tantras verwendet wird, ist ein Euphemismus für sein
menschliches Gegenstück) Teil eines Reinigungsritus war,

76

welcher von jenen angewandt wurde, welche die Göttin in der Form einer lebenden Frau anbeteten. In einem geheimen tantrischen Kommentar zu diesen Praktiken ist Folgendes zu lesen:

„Das Vama Marga führt zur Umkehrung der Funktionen, auch der Rhythmus wird umgekehrt. Der Tod hört auf, die Begleiterscheinung des Lebens zu sein. Es ist eine Art von Viparita Karany[4], zu dem als Hilfe in der Yoga-Praxis geraten wird. Dinge, welche Ekel provozieren, werden analysiert, gereinigt und ihre Werte werden extrahiert, sie werden bei der Vervollkommnung des Menschen gebraucht.

Im Chakra-Tantra besteht Viparita Karany aus gewohnheitsmäßigem Einnehmen von widerwärtigen und lästigen Dingen, solchen wie Urin, Exkrementen - von Kuh oder Mensch ist ein Detail - Menstruum und Bindu[5]. Viparita ist die Übung, den Ekel durch Einnehmen von widerwärtigen Dingen, welche nützlich sind, zu vernichten, durch das sich Erfreuen an der Anwesenheit und Gesellschaft von hässlichen, aber begabten Frauen, durch das Tun extrem unkonventioneller, sogar ekelhafter Dinge, welche trotzdem begründet und bessernd sind. Das Leben eines besseren Lebens als das einer Umwelt von Prüderie und vorgetäuschter Sittsamkeit."

Austin Osman Spare sagt von dem ursprünglichen Sabbat: „Die so engagierte Hexe ist gewöhnlich alt, grotesk,

---

4   Umgekehrt verbleiben
5   Samen

weltlich, wollüstig, gelehrt und sexuell so attraktiv wie eine Leiche. Trotzdem wird sie das vollständigste Vehikel der Erfüllung. Dies ist für die Transformation der persönlichen ästhetischen Kultur, welche dadurch zerstört wird, nötig. Perversion wird nur gebraucht, um moralische Vorurteile oder Konformität zu überwinden. Durch ständige Ausübung werden Geist und Wünsche amoralisch fokussiert und akzeptieren alles vollständig. So wird die Lebenskraft des Ich frei von Hemmungen ...

Die persönliche ästhetische Kultur hat als „Der Wert" mehr gefühlsmäßige Anziehungskraft zerstört, als irgendein anderer Glauben. Aber derjenige, welcher das traditionell Hässliche in einen anderen ästhetischen Wert transmutiert, hat neue Freuden jenseits der Furcht."

Die späteren Travestien dieser alten Doktrinen, die Riten des Schwarzen Sabbat, welche aus einer reinen Umkehrung der christlichen Praktiken bestand, sind die degenerierten Überbleibsel dieser von Austin Osman Spare geschilderten Doktrin.

Der mittelalterliche Alchemist kam mit seiner Analyse von normalerweise als unrein betrachteten Substanzen der alten Lehre vielleicht am nächsten. Er wusste, dass Abfall die äußere Form des verborgenen Gottes war, dass das schimmernde Gold von unschätzbarem Wert in Erzen und Metallen lag, die von jenen, welche zwischen dem Wertvollen und dem Wertlosen nicht unterscheiden konnten, zurückgewiesen wurden.

Crowley überträgt die Doktrin in Ausdrücke von chemischer Anziehung und Abstoßung. Beides sind Aspekte von Agape[6], welches Liebe in ihrem vollständigen Bedeutungsumfang von Anziehung - Abstoßung, Liebe - Hass, bedeutet. In dem Buch „Liber Aleph" erklärt Crowley, dass die durch Vereinigung ausgelöste Menge von Energie und Ekstase, durch Vereinigung mit neuen und oft gegensätzlichen Elementen, tief greifender, feuriger und bedeutungsvoller ist, als die Vereinigung von Gleichem:

„Durch wiederholte Vermählung entsteht Gewohnheit, sodass Ekstase nicht mehr eintritt. So ist ein halbes Gramm Morphium, welches zuerst die Tore des Himmels öffnet, dem Süchtigen nach einem Jahr täglicher Praxis nichts mehr wert. So findet auch der Liebende keine Freude mehr in der Vereinigung mit seiner Frau, sobald die ursprüngliche Anziehung zwischen ihnen durch wiederholte Vereinigungen befriedigt ist. Denn diese Anziehung ist ein Antagonismus und je größer die Antinomie, desto feuriger der Fluss des Magnetismus und die Quantität der durch den Koitus ausgelösten Energie. So ist in der Vereinigung von Gleichen wie in der von Halogenen miteinander keine starke Leidenschaft oder explosive Kraft, und die Liebe zwischen zwei Personen von ähnlichem Charakter und Geschmack ist ruhig und ohne Transmutation zu höheren Ebenen.

Denn es ist so, dass jeder Gegensatz in seiner Natur Leid ist und die Freude in der Zerstörung der Zweiheit liegt. Daher musst du immer solche Dinge suchen, welche für dich vergiftet sind - bis zum höchsten Ausmaß - und sie durch Liebe zu deinen machen. Das, was dich anwidert,

---

6   Griechisch: Liebe

das, was dich anekelt, musst du in diesem Weg der Ganzheit assimilieren."

Die Umkehrung der Sinne bis zu dem Punkt, wo Abstoßung und Anziehung einander in einem höchsten Orgasmus negieren, konstituiert das Agape oder wie Spare es nennt, das „Liebesfest der Supersinnlichen". Spare bestand darauf, im Sexualverkehr die abstoßendst vorstellbare Art von Frauen einzusetzen, was an die Annoncen nach Modellen erinnert, welche Crowley während seiner Anwesenheit in Greenwich Village, New York, aufgab: „Suche Zwerge, bucklige, tätowierte Frauen, Harrison-Fischer-Girls, Freaks aller Arten, farbige Frauen, nur wenn außerordentlich hässlich oder deformiert, zum Posieren für Künstler. Bewerbung durch Brief mit einer Fotografie."

Aleister Crowley, der Magus.
Seine rechte Hand ruht auf
der Stele der Offenbarung.

Die Vorliebe von Austin Osman Spare für hässliche Frauen speziell der hier vorgestellten Art und mit übermäßig vergrößerter Klitoris basiert auf der Doktrin der Sinnesumkehrung. Ein zeitgenössischer Kommentar von einer der geheimsten Formen der tantrischen Anbetung betont jedoch, dass es grundsätzlich unnötig ist, ungewöhnliche Frauen zu suchen:

„Bhagavati, du, deren Hauptbedeutung in der Anbetung das Bhaga ist, die Genitalöffnung, deine Natur ist immer neu, die Sekretion ist immer frisch ... Jeden Tag ist der Nektar der Frauen frisch. Er ist sündenlos, es ist die Sadharana, die gewöhnliche normale Frau, welche gemeint ist ... Es ist nicht nötig, nach außerordentlichen Frauen zu jagen."

Wenn man also von der Sinnesumkehrung absieht, ist jede normale Frau geeignet. Der gleiche Kommentar beschreibt auch die Technik der Kultivierung der Sinnesumkehrung in etwas anderen Worten als den bisherigen. Wir wollen auch davon noch einen Auszug zitieren, denn das Verständnis dieser Technik ist sowohl vom Verständnis von Crowleys Kult als auch dem von Spare und anderen von höchster Wichtigkeit. „Soweit wie möglich und um die besten Resultate zu erlangen, sollte eine Kultivierung von der Außenseite zum Inwendigen geschehen ... Durch Freude finden an ekelhaften, aber wertvollen Dingen, wie Urin und Exkrementen und dadurch Gerüche dort zu suchen, wo sie am kraftvollsten sind, wie in den Furchen und Sekretionen von Frauen. Durch diese Diversion geht man in einem systematischen, sorgfältigen und wissenschaftlichen Weg und versteht, dass der Prozess des Alterns angehalten und umgekehrt werden kann durch den Gebrauch von Ekel und den Gebrauch von jungen Frauen, wie es von den Alten getan wurde, von König David und Solomon[7]."

Öffne dich dem, was du nicht magst

Praktisch kann man an diese Übung so herangehen, dass man damit beginnt, eine Liste zu erstellen. Es hat sich hierbei als nützlich erwiesen, diese Liste nicht nur zweispaltig aufzubauen, d. h. eine Spalte für positiv, eine für negativ bzw. eine Spalte für die Dinge, die man mag, eine Spalte für die Dinge, die man nicht mag oder vor denen man sich ekelt, sondern sechsspaltig, d. h. drei Spalten in abgestufter Reihenfolge für die Dinge, die man mag und drei Spalten in abgestufter Reihenfolge für die Dinge, welche von unangenehm über starke Widerstände bis Ekel reicht und vielleicht in der Mitte noch eine siebte Spalte, über welcher Null geschrieben steht und in welcher die Dinge eingetragen sind, welche gleichgültig sind (s. Tabelle S. 84).

In diese Liste trägt man nun alle möglichen Tätigkeiten, Handlungen, Menschen usw. ein. Man kann z. B. mit dem Essen beginnen. In der Spalte +3, die Dinge, welche man liebt, steht z. B. Spargelköpfe mit Sauce Hollandaise, in der Spalte +2 Dinge, die man begehrt, könnte z. B. ein frisch gezapftes Bier stehen und in der Spalte +1 Dinge,

---

7   Das bezieht sich auf die biblische Geschichte von Abishag, dem Schuna-
miten, 1. Buch der Könige.

die man ganz gerne mag, steht z. B. frisches Weißbrot, in der Spalte 0, Dinge, die gleichgültig sind, vielleicht Kartoffeln, Nudeln usw., in der Spalte -1 Dinge, die man lieber nicht isst, könnte z. B. Spinat stehen, in der Spalte -2 Dinge, gegen die man erhebliche Widerstände hat, stünde z. B. fettes Fleisch und in der Spalte -3 Dinge, vor denen man sich ekelt, könnten vielleicht Regenwürmer stehen.

In genau der gleichen Art und Weise würden auch alle anderen Sachen eingetragen, u.a. auch die Beschreibungen von Menschen, die Eigenschaften und das Aussehen anderer Menschen. So würde unter -3 vielleicht Fettwänste stehen usw.

Wenn die Liste fertig ist, sollte man sie nicht als beendet betrachten, sondern immer wieder neue Dinge, die einem einfallen, nachtragen. Die Arbeit mit dieser Liste kann nun auf verschiedenen Ebenen beginnen. Je nachdem, wie verhärtet man in seinen Vorurteilen ist. Im schlimmsten Falle müsste man damit anfangen, z. B. eine Speise, welche unter -1 angeführt ist, mit einer aus +3 auszugleichen, nach dem Motto: Wenn ich dieses aufgegessen habe, kann ich ja das andere essen. Dieser Weg dauert am längsten. Im besten Falle fängt man bei -3 an und isst und tut nur Dinge, welche dort aufgeführt sind, verkehrt nur mit Menschen, welche dort aufgeführte Eigenschaften haben und dies solange, bis alle Dinge die dort unter -3 stehen, zu +3 übergegangen sind. Dieser Weg ist der schnellste.

Der für dich geeignete Weg wird wahrscheinlich irgendwo dazwischen liegen. Lege, nachdem du die Liste fertig hast, einen Plan fest, womit du anfangen willst. Bei

Das mag ich nicht			gleichgültig	Das mag ich		
-3	-2	-1	0	+1	+2	+3
Regenwürmer, Muscheln, Durian, kalte Pommes	fettes Fleisch, reifer Camembert, Innereien	Spinat, Reis, Fisch, Erdnussbutter, Kiwi	Kartoffeln, Nudeln, Butter, Reisflocken	frisches Weißbrot, Milchkaffee, Pommes frites	frisch gezapftes Bier, Bananeneis	Spargelköpfe mit Sauce Hollandaise
Operetten	Gregorianischer Choral	Jodeln	Eine kleine Nachtmusik	6. Brandenburgisches Konzert	Techno, Rap, Heavy Metal	Death Metal
Fettwänste	Knoblauchfresser	Leute die nuscheln	Dünne	Biker		Fußballer
neongrün	lila	weiß	schwarz, dunkelblau	korngelb, Erdfarben	türkis	rot

Diese Liste der Vorlieben und Abneigungen hilft dir, beim Eintragen genauer zu unterscheiden, als eine zweispaltige Tabelle es erfordert. Und sie ist auch genauer darin, Veränderungen abzubilden: Ein Eintrag kann aus der Spalte -3 in die Spalte -2 und dann nach +1 rutschen, bevor du die Sache innig mögen (+3) wirst.

In deine Liste kannst du alles aufnehmen, von Essen über Menschen, Verhaltensweisen, bis zu Farben, Worten und was dir sonst begegnet. Idealerweise nimmst du alles auf, was dich stark anzieht oder was du besonders ablehnst.

der Ausführung wirst du dann bemerken, ob er zu schwer oder zu einfach ist und du kannst ihn dann entsprechend modifizieren. Und so kannst du systematisch für dich die Umkehrung der Sinne betreiben.

Diese Übung muss solange betrieben werden, bis unter -3, Dinge, die dich ekeln oder die du hasst, nichts mehr steht.

4. Die Wahl des geeigneten Partners

Zur Wahl des geeigneten Partners wurde im vorhergehenden Kapitel schon einiges gesagt. Das Thema wird gewöhnlich unter dem Gesichtspunkt behandelt, dass ein männlicher Adept sich als Partner eine geeignete Frau auswählt. Diese Darstellungsweise ist dadurch bedingt, dass Frauen, sowohl im O.T.O. als auch im Tantra, kaum etwas über Sexualmagie geschrieben haben. Es erweist sich aber auch nicht als nötig, die umgekehrte Auswahlprozedur darzustellen, da es tatsächlich nichts Neues zu sagen gäbe. Wenn eine Frau sich einen geeigneten männlichen Partner sucht, gilt das Gleiche wie für den umgekehrten Fall.

Im letzten Kapitel haben wir schon festgestellt, dass es grundsätzlich möglich ist, jeden gewöhnlichen normalen Menschen als Partner zu wählen. Zwei zusätzliche Überlegungen können jedoch angestellt werden.

Zum einen, je verschiedener der Partner von einem selbst ist, desto größer ist die Spannung und desto größer der Energiefluss. Zum anderen ist es gewöhnlich sinnvoll, den

Aspekt der Umkehrung der Sinne bei der Partnerauswahl zu berücksichtigen. Mit letzterem Punkt hat man gewöhnlich auch ersteren berücksichtigt. Und wenn man erwägt, den Aspekt der Umkehrung der Sinne bei der Partnerauswahl außer Acht zu lassen, so sollte man wirklich sehr sorgfältig darüber nachdenken, ob der Grund dafür nicht doch darin liegt, dass man diesen Aspekt seiner persönlichen Unkultur zu verewigen gedenkt.

Crowley stellt noch einige weitere Überlegungen zur Auswahl des geeigneten Partners an. Er schrieb 1938: „Ich glaube nicht, dass die hübsche Art von Frauen so gut ist. Die Plumpen sind die besten. Menschen, deren Fortpflanzungsinstinkt von Natur aus exzessiv ist, aber durch den einen oder anderen Grund in die Bahnen von Lüsternheit oder extremer Libido gedrängt wurde. Mit Libido meine ich den Gebrauch des Wortes in seinem umfassendsten und weitesten Sinne - eine intensive und instinktive Lust an verschiedenen Dingen."

Crowley war weiterhin der Meinung, dass eine unmittelbare, gegenseitige Anziehung zwischen den betroffenen Parteien ein Zeichen von magischer Kompetenz sei. Der Partner hatte sozusagen durch die Götter erwählt zu werden. Er begründet dies in „de arte magica": „Die Wahl eines Helfers scheint so wichtig, dass sie vielleicht der Laune, d. h. der unbewussten Anziehung überlassen werden sollte. In der Wahl von jemandem zum Dienst an diesem Sakrament ist der Mensch geistig so verwirrt und wird in dieser Angelegenheit so leicht irregeführt, dass es uns nicht unvernünftig erscheint, die volle Hingabe an die Laune des

Momentes zu erlauben. Denn diese sogenannte Laune ist in Wahrheit vielleicht die Stimme des Unbewussten, das heißt, es ist die beabsichtigte Wahl des heiligen Phallus selbst ... Aber der bewusste Wille muss völlig dem großen Werk gewidmet sein, dann wird der unbewusste Wille unvermeidbar das berufene Vehikel der Arbeit wählen."

Diese Aussage Crowleys ist zumindest ein wenig verwirrend. Der Wahre Wille ist nicht identisch mit den zufälligen Launen. Und darauf zu vertrauen, dass er sich als zufällige Laune äußert, kann sehr leicht in die Irre führen. Dies kann gerade dann passieren, wenn der bewusste Wille scheinbar völlig dem großen Werk gewidmet ist, gerade dann können sich Launen als Fallen einschleichen.

Aber mir scheint, dass die Sichtweise Crowleys dennoch verständlich ist, wenn man die Aussage auf seinem Hintergrund betrachtet. Crowley hatte zu der Zeit, als er das schrieb, schon eine sehr hohe Initiationsstufe erlangt und hatte sich schon vollständig mit seinem Wahren Willen identifiziert. Er konnte deshalb mit einer gewissen Berechtigung davon ausgehen, dass das, was er als Laune des Momentes beschreibt, tatsächlich die Stimme seines eigenen Wahren Willens ist.

Crowley scheint sich - wie insbesondere aus seinen Tagebüchern der amerikanischen Periode hervorgeht - auch tatsächlich keine besondere Mühe gemacht zu haben zu gewährleisten, dass seine Helferinnen die notwendigen Qualifikationen besaßen. In Bezug auf die wichtigste Wahl, die der Scarlet Woman, sieht er seinen Misserfolg direkt ein, wenn er schreibt: „Mein Versagen liegt darin, dass sie fehlte, der alle Kraft gegeben ist. Ich habe meine eigene private Initiation völlig zufriedenstellend und leicht erreicht. Aber ich war nicht fähig, kraftvoll aufzutreten, weil sie fehlte."

Crowley bezieht sich bei dieser Aussage auf das „Liber L vel Legis", I 15, in dem geschrieben steht: „Nun sollt ihr wissen, der erwählte Priester und Apostel des unendlichen Raumes ist der Prinzpriester, das Tier; und seiner Frau, die scharlachrote Frau genannt, ist alle Macht gegeben. Sie werden meine Kinder im Schoße ihrer Familie sammeln: Sie werden die Herrlichkeit der Sterne in die Herzen der Menschen bringen."

Der berauschte Gott Shiva spielt auf einer Sitar in Form eines Lingam. Oder hält er seinen Lingam für eine Sitar?

Das Tier und die scharlachrote Frau in diesem Vers bezeichnen nicht Personen, sondern Ämter, das Amt des Hierophanten und der Hohepriesterin des neuen Äons, welche nach einer sexualmagischen Formel zusammenarbeiten, welche „das Tier und die Frau vereint", heißt.

Das obige Crowley-Zitat ist jedoch insgesamt etwas unklar. Man kann z. B. ziemlich eindeutig feststellen, dass Aleister Crowley bei seiner Aufgabe nicht versagt hat. Die heutige Verbreitung des „Liber L vel Legis" und die Vielzahl thelemischer Gruppen wäre ohne seine Arbeit vollkommen unmöglich. Auch das Christentum fasste erst mehrere hundert Jahre nach Christi Geburt Fuß und niemand würde deshalb Christus als Versager bezeichnen.

Eine weitere große Schwierigkeit liegt darin, dass die Ausformung der Rolle der Frau im Neuen Äon[8] noch nicht einmal in den Grundzügen erkannt werden kann. Dass eine grundlegende Änderung in der Rolle der Frau eintreten muss, ist aus Beschreibungen wie der folgenden klar abzulesen: ‚Die Frau sei gegürtet mit dem Schwert' oder ‚ihr ist alle Macht gegeben'. Aber schon hier muss man sich hüten, Macht im Sinne des Alten Äons[9], des patriarchalen Zeitalters zu interpretieren. Auch die Scarlet Woman kann erst mit dem Heranwachsen des Neuen Äons zu voller Blüte reifen. Für Crowleys Fall heißt dies, dass sie möglicherweise gar nicht fehlte, sondern nur einfach die Ausprägung hatte, welche zu diesem Zeitpunkt möglich war. Wenn wir davon ausgehen, dass wir bisher höchstens

---

8   das Wassermannzeitalter, das 1904 mit dem Diktat des „Liber L vel Legis" begann
9   das Zeitalter des Monotheismus

die ersten Ahnungen von den Auswirkungen des Neuen Äons haben können, dann gilt für das Verhältnis Mann-Frau und die Scarlet Woman im Besonderen dasselbe.

Mir scheint, dass die Auswahl des geeigneten Partners sowohl von der Intuition (etwa das, was Crowley die Laune des Momentes nennt), als auch von der Logik bestimmt werden sollte. Moralische Maßstäbe anzulegen, ist unsinnig, da Huren die nötige Kompetenz genauso besitzen können, wie sogenannte respektable Frauen. Die Logik kann in die Auswahl durch Anwendung der Methoden der Umkehrung der Sinne und unter Berücksichtigung des Aspektes der Unterschiedlichkeit hineingebracht werden, und wenn die Intuition - dies ist der oder die Richtige - dieser Prüfung standhält, so sollte man die Gelegenheit nicht ungenutzt vorübergehen lassen.

Der ultimate Test für die Wahl des Partners ist die Reinheit der Leidenschaft, welche durch den Priester und die Priesterin in das Ritual eingebracht wird. Darüber hinaus gibt es noch ein undefinierbares Etwas, das jeder nur selbst erfahren kann.

Unsere Erfahrungen der letzten 50 Jahre haben gezeigt, dass kein Mensch von Anfang an geeignet ist - da jeder ein Produkt der Erziehung unserer Gesellschaft ist, und damit all die typischen Komplexe, Neurosen, Orgasmus- und Sexualdefekte in sich trägt, welche für unsere Kultur typisch sind. Jeder erwählte Partner hat diese Defekte und jeder muss vorerst durch die einleitenden Übungen gehen.

Wenn die Auswahl nach den oben angeführten Kriterien getroffen ist, erfolgt auf der nächsten Stufe der Vorübungen mit Sicherheit die Selektion der Ungeeigneten. Denn nach der Auswahl sehen wir heute als wesentlichste Kriterien die Ergebnisse des Trainings in Asana, Pranayama, Umkehrung der Sinne, sexuellen Techniken und der Steigerung der Orgasmusfähigkeit. Wenn diese Vorschulung durchschritten ist, kann das Kriterium der Intuition gepaart mit Logik mit einiger Aussicht auf Erfolg angewendet werden.

Shri Yantra

Praktische Erwägungen

Abschließend will ich noch einige praktische Aspekte der Arbeit mit dem Partner erwähnen. Bei der Auswahl des Partners sind mehrere Fälle zu unterscheiden:

• Ein Mensch mit Erfahrung in Sexualmagie sucht einen Partner.
• Ein Mensch, der mit Sexualmagie beginnen will, sucht einen Partner.
• Ein Paar beschließt, Sexualmagie zu machen.

Der vierte mögliche Fall, dass ein in einem Orden oder einer anderen sexual-magisch arbeitenden Gruppe in Ausbildung befindliches Mitglied einen Partner sucht, braucht hier nicht behandelt zu werden, da diese Gruppen gewöhnlich Ausbilder haben, welche den Fall individuell behandeln können. Dieser vierte Fall ist dennoch der einzige problemlose. Die drei erstgenannten Fälle sind recht schwierig.

Der erste Fall sollte eigentlich ideal sein, da hier einer der beiden schon Erfahrung hat - weshalb ihm die Auswahl des Partners nicht schwerfällt - und die weitere Ausbildung sollte problemlos verlaufen. Diese Idealvorstellung scheitert gewöhnlich an dem unsinnigen Gleichberechtigungsdenken unausgebildeter Primaten. Bei der Arbeit auftretende Probleme werden vom auszubildenden Partner sofort zu Beziehungskisten uminterpretiert und die in diesem Stadium ganz natürliche eigene Unfähigkeit als dessen Fehler auf den ausbildenden Partner projiziert. Die Partnerschaft geht deshalb in diesen Fällen gewöhnlich

Frau, die einen erigierten Penis umarmt. Statue, China.

nur dann gut, wenn der ausbildende Partner schon so weit fortgeschritten ist, dass Zweifel am unterschiedlichen Entwicklungsstand insbesondere in der psychischen Entwicklung - kaum möglich sind und wenn sie - was gewiss ist - doch auftreten, von dem Ausbildenden mit der entsprechenden Einsicht in die Programmabläufe aufgefangen werden können.

Man muss berücksichtigen, dass bei jeder Partnerbeziehung, in welcher Sexualmagie betrieben wird, die Energieflüsse sehr viel stärker sind und die Partnerbeziehung dadurch emotional sehr viel stärker belastet wird. Selbst wenn diese stärkeren Energieflüsse zu Anfang nur sporadisch auftreten, prägen sie dennoch sehr viel intensivere Tunnelrealitäten.

Der zweite Fall ist deshalb problematisch, weil die oben angeführten theoretischen Erwägungen zur Auswahl des Partners nicht die praktischen Erfahrungen vermitteln können, welche man durch das praktische Arbeiten mit unterschiedlichen Partnern erlangt. Die Auswahl wird deshalb in jedem Fall mehr oder weniger zufällig und programmabhängig bleiben. Was den Fall weiter kompliziert ist die Tatsache, dass der auszuwählende Partner selbst an der praktischen Durchführung der Sexualmagie interessiert sein muss und schon dies engt den Kreis erheblich ein.

Bei dem dritten Fall hängt alles von der Art der Beziehung ab. Jede Beziehung, die länger als sechs Wochen andauert, ist gewöhnlich so festgefahren, dass Neuerungen und Änderungen kaum noch möglich sind. Dieser Mechanismus ist in meinem Buch „Psychologik" in dem Kapitel über Interaktionsanalyse genauer behandelt. Jede Interaktion engt die Möglichkeiten künftiger Interaktionen ein. Jede Interaktion schafft eine Regel für künftige Interaktionen. Die Partner einer Beziehung sind tatsächlich gewöhnlich beziehungsblind, d. h. nicht imstande, die Struktur ihrer eigenen Beziehung zu erkennen.

In den ersten beiden Fällen wird die Beziehung von Anfang an sehr viel bewusster aufgebaut, sodass die Chance, dass Probleme erkannt werden können, sehr viel größer ist. Bei bestehenden Beziehungen sind die meisten Probleme schon durch neurotische Kompensationen verdeckt, dadurch nur noch schwer erkenn- und kaum noch lösbar. Man kann hier tatsächlich eigentlich nur den Rat geben, schließt euch einer Gruppe oder einem Orden an oder sucht euch auf andere Art einen geeigneten Ausbilder, denn selbst wenn ihr imstande sein solltet, eure Probleme zu erkennen, geht jeder Lösungsversuch deshalb schief, weil das Problem ein Teil der Spielregeln eurer Beziehung ist und neue Spielregeln tatsächlich - selbst wenn es der alte Partner ist - einer neuen Beziehung entsprechen.

4. Unterweisung: Ein praktischer Übungsplan

••••••••••••••••••••••••••••••••••

Disziplin ist nur für Eroberer notwendig.

Leo Tolstoi

Ein praktischer Übungsplan

Wenn ein geeigneter bzw. ein als geeignet vermuteter Partner gefunden ist, sollte mit ihm zuerst der theoretische Hintergrund der Sexualmagie, Voraussetzungen, Übungen, Wirkungsmechanismen, Zielvorstellungen usw. ausführlichst diskutiert werden. Man kann z. B. einen gemeinsamen Arbeitsplan entwerfen, welcher Art und Zeitdauer der Übungen enthält, Zwischenziele festlegt usw. Als Wichtigstes sollte dieser Arbeitsplan auf jeden Fall die ersten drei der weiter vorn angeführten Übungen: Asana, Pranayama und Umkehrung der Sinne enthalten und für diese Übungen auch konkrete Übungen und Übungszeiten festsetzen. Zusätzlich sollten erste Überlegungen für die darauf folgende Stufe - sexuelle Techniken und Steigerung der Orgasmusfähigkeit - angestellt werden.

Praktisch könnte dieser Arbeitsplan etwa so aussehen, dass man z. B. festlegt täglich eine Stunde Asana zu praktizieren, in der Zeit werden Imaginationsübungen gemacht. Weiterhin eine Stunde Pranayama im Asana, nach den oben angeführten Rhythmen.

Des Weiteren wird die Liste, welche in dem Abschnitt „Umkehrung der Sinne" behandelt wurde, erstellt und daraus entsprechende Übungen abgeleitet. Für den nächsten Punkt sollte jeder der Partner eine Art sexueller Autobiografie schreiben, in welcher er seine bisherigen sexuellen Erfahrungen möglichst ausführlich schildert und auch auf seine Probleme in diesem Bereich eingeht.

Aufgrund dieser Autobiografie können dann erste Überlegungen für Übungen der nächstfolgenden Stufe angestellt werden.

Der Übungsplan, den ein geschulter Ausbilder auf diesem Gebiet entwerfen würde, wäre natürlich vielfältiger und effektiver. Diese Ausbilder setzen Techniken und Methoden ein, welche nur auf dem Hintergrund ihrer Erfahrung wirksam und gefahrlos eingesetzt werden können. Da die meisten dieser Techniken im Endeffekt aber darauf abzielen, die korrekte Durchführung und das Durchhalten bei den oben angeführten Übungen zu sichern, kann das oben genannte Schema für den Entwurf eines Arbeitsplanes dennoch als wirksam betrachtet werden. Der Schlüssel liegt, so betrachtet, einfach darin, dass du durchhältst, dass du diszipliniert und konsequent die Übungen ausführst.

Wenn der Partner diese ersten drei Stufen, Asana, Pranayama und Umkehrung der Sinne korrekt durchführt und durchhält, kann er von seiner Persönlichkeitsstruktur her als grundsätzlich geeignet angesehen werden. Nach ca. 4 Wochen dieser Übungen - das ist natürlich von Umfang und Intensität abhängig - kann man zusätzlich Körperübungen in den Übungsplan aufnehmen.

Körperübungen zur Lockerung

Die Körperübungen, um die es hierbei geht, sind hauptsächlich Übungen zur Lösung von Muskelverspannungen. Geeignet sind insbesondere bioenergetische Übungen und alle sonstigen, welche Verspannungen, insbesondere im

Beckenbereich auflösen, und den freien Fluss der Energie durch den ganzen Körper fördern. Zu empfehlen sind Übungen zur Steigerung der sexuellen Erlebnisfähigkeit.

Der nächste Schritt ist der Übergang zu autoerotischen Techniken, um die Möglichkeiten und Grenzen, die Gefühle, erogenen Zonen und sensitiven Stellen des eigenen Körpers genau kennenzulernen. Jetzt werden die ersten praktischen Versuche mit der Steigerung des sexuellen Energieflusses gemacht. Erst, nachdem der ganze Bereich der autoerotischen Erfahrungen umfassend erkundet ist, tritt man in Partnerübungen ein.

Partnerübungen I

Die Partnerübungen beginnen damit, dass jeder dem anderen die Erfahrungen, welche er mit seinem Körper hat, vermittelt. Praktisch könnte man z. B. damit anfangen, dass der eine Partner sich nackt hinlegt, während der andere ihn streichelt und dabei seine Reaktionen beobachtet. Der liegende Partner sollte zuerst ruhig etwas übertrieben reagieren, da die Fähigkeit, Feedbacksignale von anderen Menschen zu empfangen, meist ziemlich unterentwickelt ist. Der streichelnde Partner erkundet sämtliche Körperbereiche des Liegenden, wobei er mit den unempfindlicheren Körperstellen anfängt und sich sodann über sensitivere Bereiche zu den erogenen Zonen und den sekundären Geschlechtsbereichen vorarbeitet. Die primären Geschlechtsorgane werden vorerst ausgelassen. Das Streicheln sollte sehr abwechslungsreich gestaltet werden, um möglichst umfassende Reaktionen des Liegenden zu erhalten. Es wird mit den Fingerspitzen gestreichelt, mit der ganzen Hand, mit den Fingernägeln leicht gekratzt und auch leichte Massagen und Kniffe werden eingesetzt. Man wird dabei feststellen, dass der Liegende auf diese unterschiedlichen Arten der Reizung an verschiedenen Körperstellen sehr unterschiedlich reagiert. Körperteile, an denen man auf Kniffe sehr unwirsche Reaktionen bekommt, sind leicht vorstellbar. Aber darüber hinaus sind die Möglichkeiten vielfältiger, als man gemeinhin annimmt.

Die Übungsdauer sollte am Anfang 10-15 Minuten betragen, später kann man sie, je nach den Erfahrungen, weiter ausdehnen. Bei der Übung selbst sollte gar nicht gesprochen werden. Hinterher sollte jedoch jeder seine Erfahrungen dem anderen ausführlich schildern.

Ziel dieser Übung ist es, dass jeder den Körper und die Reaktionen des anderen genau kennenlernt und dass beide es lernen, auf Berührungen des anderen frei, unverkrampft und locker zu reagieren. Durch diese Übung wird schon ein hohes Maß an Übereinstimmung und Offenheit zwischen den Partnern geschaffen, welches sich auch in die sonstige Beziehung überträgt und nicht nur die Empfindungsebenen eines ‚Quickie' (Schnellschuss) weit hinter sich lässt, sondern oft auch schon die Empfindungsebenen des normalen Geschlechtsverkehrs weit übersteigt.

Die erste Erweiterung besteht darin, diese Übung auf die primären Geschlechtsorgane in Übungen masturbatorischer Art auszudehnen. Dieser Übungsteil wird gewöhnlich recht kurz gehalten, weil die angestrebten Ziele mit den Übungen der nächsten Stufe, welche oraler Art sind, sehr viel schneller, besser und intensiver erreicht werden können.

Partnerübungen II

Der Übungsablauf ist etwa der gleiche wie oben geschildert. Der Rahmen wird vorher festgelegt, es wird geschwiegen, der passive Teil konzentriert sich nur auf seine Körperempfindungen, der aktive nur auf den Partner. Die ersten Übungen werden auch wie oben nur so vorgenommen, dass der passive Partner liegt. Der aktive Teil erkundet zuerst nur mit Zunge und Lippen den Körper seines Partners, bis er dann später - wie oben geschildert - zu den primären Geschlechtsorganen übergeht. Dort angelangt, sollte die Übung jedes Mal bis zum Orgasmus fortgeführt werden, um aufkommenden Frustrationstendenzen vorzubeugen. In einem späteren Stadium kann dann z. B. auch erkundet werden, wie die Hände zusätzlich eingesetzt werden können.

Diese Übung bietet schon sehr viele Variationsmöglichkeiten, Probleme und Entwicklungen. Eine Herausforderung, mit der man sich hier auseinandersetzt, ist z. B. der Drang, schnell fertig werden zu wollen. Dieser kann verschiedene Gründe haben. Z. B. kann der Geschlechtsverkehr orgasmusfixiert sein. Diese Fixierung bedeutet, dass er nur als sozusagen unausweichliches Vorspiel zum Orgasmus betrachtet wird. Ein anderer Grund kann sein, dass man sich Sorgen darüber macht, den Partner nicht zu überanstrengen usw. All diese Gedanken und Tendenzen muss der passive Teil sorgsam vermeiden. Er darf sich nur der Empfindung des Augenblicks hingeben, darf nur die Empfindungen seines Körpers wahrnehmen und soll überhaupt nicht darauf achten, was der andere tut, und auch nicht an diesen denken.

Wenn die Übung fortgeschritten ist, geht man dazu über, mit anderen Stellungen zu experimentieren. Der passive Teil setzt sich z. B. reglos ins Asana oder er setzt sich ins Asana und macht dabei Pranayama usw. Oralverkehr im Asana lässt sich auch, wenn der passive Teil eine Frau ist, gut durchführen, wenn sie dabei im Drachen- oder Diamantsitz sitzt, praktisch auf der Brust ihres Partners, und dessen Kopf sich zwischen ihren Beinen befindet.

Wenn all die Übungen bis zu diesem Punkt richtig durchgeführt wurden, so hat sich mit der Zeit eine erhebliche Veränderung des Orgasmus eingestellt. Auf dieser Stufe wird er gewöhnlich als sehr lang und ziehend empfunden und seine Intensität wird nahe der Schmerzgrenze liegen. Weitergehen sollte man erst, wenn diese Stufe eingetreten und überwunden ist. Überwunden heißt, dass die Empfindung der Schmerzhaftigkeit des Orgasmus überwunden ist und er mit gleicher Intensität als ekstatisch empfunden wird.

Übungen mit Imaginationen

Da auf dieser Stufe auch die anderen Übungen schon soweit fortgeschritten sein müssten, dass es möglich ist, ein imaginiertes Bild für zumindest kürzere Zeit ohne jede Abschweifung aufrechtzuerhalten, können jetzt die ersten Versuche mit den Operationen des VIII.° durchgeführt werden, wobei man die in Kapitel 17 von Crowleys Buch „De Arte Magica" geschilderte Reihenfolge im Auge behalten sollte. Diese Reihenfolge ist zwar für Arbeiten des IX.°, kann aber entsprechend übertragen werden.

Und wie weiter?

Zu den weiterführenden Übungen, Koitus usw. kann hier nicht mehr sehr viel gesagt werden. Als allgemeine Richtschnur für die Übungen mag ein ähnlicher Ablauf wie der oben geschilderte angewandt werden. Die Technik, dass zuerst der eine Partner vollkommen passiv verbleibt, fördert auf jeden Fall die Bewusstheit der Wahrnehmung und sollte auch hier die Anfangsstufe bilden. Wenn diese Stufe gemeistert ist, kann man langsam dazu übergehen, dass der bisher passive Partner immer aktiver wird, bis der Akt in ein Miteinander übergeht, welches keiner bewussten Aufmerksamkeit für den Ablauf bedarf, sodass die bewusste Aufmerksamkeit einpunktig der magischen Arbeit gewidmet ist.

Abschließend möchte ich aber nochmals auf die Wichtigkeit der drei ersten Punkte: Asana, Pranayama und Umkehrung der Sinne, hinweisen.

Wer diese Übungen nicht in der erforderlichen Art und Weise konsequent durchgeführt hat, wird bei den weiteren Übungen kaum Erfolge erzielen können und

schwebt ständig in der Gefahr, seine geistige und körperliche Unversehrtheit zu verlieren.

5. Unterweisung: Die Praxis der Sexualmagie

Das Ziel des (weißen) Magiers ist nicht Macht, sondern Vielfalt. Er betrachtet die verschiedenen Religionen, Theorien und Kulturen als sozusagen Genpools von Ideen, Verhalten und Theorien, als Quellen des Lehrens und Lernens, Quellen neuer Möglichkeiten. Diese Genpools zapft er an, um sich von Beschränkungen zu befreien.

Michael Eschner

Die Praxis der Sexualmagie

Der Führer des englischen O.T.O., Kenneth Grant, wurde, nachdem er seine eigene Nu-Isis-Loge gegründet hatte, von dem damaligen Führer des O.T.O., Karl Germer, aus dem Orden ausgeschlossen. In der Folge entwickelte er in seiner eigenen Organisation neue Formen der praktischen Sexualmagie und neue Interpretationen des Liber Legis, sowie andere zum thelemischen Umkreis gehörende Schriften. Ob Grants Neuinterpretationen Weiterentwicklungen oder Abirrungen sind, ist sehr umstritten. Seine

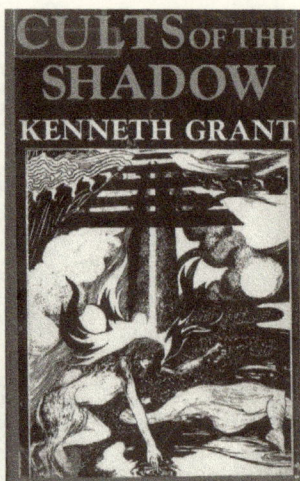

Links: K. Grant: „Nightside of Eden" (1977), rechts: „Cults of the Shadow" (1976). Beide Bücher finden sich in der Bibliothek des Autors.

Werke sind empfehlenswert und informativ, können aber mit Sicherheit als sehr spekulativ bezeichnet werden.

In seinem Buch „Nightside of Eden" gibt er eine Aufstellung der sexualmagischen Tätigkeiten und ihrer Gradzuordnungen, wie sie in seiner O.T.O.-Organisation ausgeübt werden. Diese praktische Zuordnung ist, egal, was man von Grants metaphysischen Spekulationen ansonsten hält, auf jeden Fall korrekt. Der ehemalige Berliner Orden A∴A∴Thelema arbeitete zwar nicht nach dem O.T.O. Gradsystem, sondern nach dem der A∴A∴, beinhaltet aber trotzdem die O.T.O. -Unterweisungen und ist aus der praktischen Arbeit zu den gleichen Zuordnungen gekommen wie Grant.

Die Bezeichnungen der Grade sind traditionell und haben sich heutzutage als Bezeichnung für die Art der sexualmagischen Arbeit unabhängig von dem im entsprechenden Orden angewandten Gradsystem verselbständigt. In der Sexualmagie werden drei aktive Grade unterschieden. Der VIII.°, IX.° und Xl.° Der VIII.° unterteilt sich in Arbeiten, welche allein, VIII.°⁻ und VIII.°⁺, oder zu zweit, Vlll.°²⁺ und VIII.°²⁻, vorgenommen werden. Auch der IX.° unterteilt sich in zwei Unterstufen, IX.°⁺ und IX.°⁻. Dies sind die Hauptunterteilungen, neben welchen es noch Unterteilungen gibt, die von der Geschicklichkeit und den Neigungen der Teilnehmer abhängen und aus diesen Hauptteilen leicht abgeleitet werden können.

VIII.° Masturbatorische und orale Operationen

VIII.°⁻ Priesterin allein	für Weihungsrituale, Weihung von Talismanen, und zur Materialisierung neuer Partner durch Anziehung; nicht zur Weihung von Ideen oder Projekten, wofür der XI.° verwendet wird mit Wehrmasken für Operationen der Behexung und das Gestalten von Illusionen (ozeanische Zauberei).
VIII.°⁺ Priester allein	für Weihungsrituale s.o. mit Wehrmasken für Operationen der Lykanthropie (Verwandlung in Landtiere) und zur Belebung von Atavismen
VIII.°²⁺ von der Priesterin beim Priester	mit der Zunge zur Erzeugung von Trance und Visionen mit der Hand zur Erzeugung von Ekstase und dem Erhalt von Orakeln
VIII.°²⁻ vom Priester bei der Priesterin	mit dem Mund für ihre magische Ernährung und die Erneuerung ihrer sexuellen Vitalität mit der Hand zur Darstellung ihres Körpers als ein Werkzeug von sexuellem Glanz und sexueller Anziehung

IX.° Operationen der Sonne. Ra- und Kheph-Ra

IX.°+ Priester und Priesterin supernal	natürliche Vereinigung für Arbeiten der Schöpfung, Intuition und Inspiration

IX.°- Priester und Priesterin infernal	unnatürliche Vereinigung für Arbeiten des Zombiismus, Todesstellung, Traumkontrolle und Arbeiten der Nacht

XI.° Operationen des Mondes

Priesterin und Priester	Während des abnehmenden Mondes oder der Mondfinsternis für Arbeiten der Materialisation und der Belebung (von Träumen, Bildern etc.)

Das allgemeine Schema ist wie folgt:
- Arbeiten des VIII.° dienen der Weihung,
- Arbeiten des IX.°⁺ dienen der Inspiration,
- Arbeiten des IX.°⁻ sind zur Entweihung und
- Arbeiten des XI.° dienen der Belebung und
Materialisierung.

Der O.T.O., Crowley und Spare

Ordo Templi Orientis, abgekürzt O.T.O. bedeutet auf Deutsch Orden des Tempels des Orients, wobei Orient im Sinne von Osten und Morgendämmerung zu verstehen ist. Es wird auch als der Orden der orientalischen Templer übersetzt. Der O.T.O. wurde 1895 von Karl Kellner gegründet. Kellner hatte in seiner Suche nach okkulter Weisheit weite Reisen durch Indien und den Mittleren Osten unternommen. Dabei lernte er zwei Araber und einen Hindu kennen, von welchen er mündlich die sexual-yogischen Lehren empfing, auf welchen der O.T.O. gründet.

In der Okkultszene wird ein ziemlich müßiger Streit darüber geführt, ob diese Lehrer tatsächlich existierten und wenn, ob sie ihn tatsächlich das lehrten, von dem er behauptete, dass sie es ihn gelehrt hätten. Das einzig Wichtige ist die Tatsache, dass Karl Kellner von irgendwoher das Wissen um ein bemerkenswertes sexual-magisches System erhielt, welches einige Ähnlichkeiten zum bengalischen

Tantrismus und einigen ziemlich unorthodoxen Formen des Sufismus zeigt.

Karl Kellner (1850 - 1905) war ein österreichischer Chemiker, Unternehmer, Erfinder, Freimaurer und Gründer des Ordo Templi Orientis.

Öffentlich trat der O.T.O. erst 1904 durch die Okkultzeitschrift „Oriflamme" hervor. Über die weitere Geschichte des Ordens gibt es eine ganze Menge Räubergeschichten, in welchen u. a. die Berliner „Großloge von Memphis und Misrain" und bekannte Okkultisten wie Klein, Hartmann und Reuß verwickelt waren. Karl Kellner starb 1905 nach einer Ägyptenreise. Die Nachfolge als Leiter des O.T.O. übernahm Theodor Reuß. Weitere berühmte Mitglieder waren Dr. Encaussè, besser bekannt unter seinem okkulten Pseudonym Papus und auch Rudolf Steiner.

Die Lehren des O.T.O. wurden geheimgehalten und erst im Jahre 1912 erschien in der Zeitschrift „Oriflamme" der erste Hinweis auf die Natur seiner Geheimnisse: „Unser Orden besitzt den Schlüssel, welcher alle maurerischen und hermetischen Geheimnisse öffnet, nämlich die Lehren der Sexualmagie und diese Lehren erklären ohne Ausnahme alle Geheimnisse der Freimaurerei und aller Systeme der Religion." Ein Jahr vorher, 1911, war Aleister Crowley Mitglied des O.T.O. geworden. Er betrachtete den O.T.O. zu der Zeit als ganz normale freimaurerische Bruderschaft. Im Jahre 1912 besuchte Theodor Reuß Crowley und beschuldigte ihn, die innersten Geheimnisse des O.T.O. öffentlich verkündet zu haben. Crowley antwortete, dass er, da er nur zu den unteren Graden zugelassen war, noch nicht im Besitz dieser Geheimnisse sei und sie daher auch nicht öffentlich verkünden könne. Daraufhin öffnete Reuß Crowleys „Buch der Lügen" und zeigte auf eine Passage, welche mit den Worten beginnt: „Der Adept soll mit seinem magischen Stab bewaffnet und mit seiner mystischen Rose ausgerüstet sein". Blitzartig erkannte Crowley die Art des magischen Systems des O.T.O. als Sexualmagie und Reuß ernannte ihn zum Leiter der britischen Sektion des O.T.O.

Crowley erhielt in der Folge die Instruktionsmanuskripte des O.T.O. und war von den magischen Lehren, welche er daraus empfing, ziemlich beeindruckt. Zum einen waren die O.T.O.-Techniken sehr viel einfacher, als die langgewundenen zeremoniellen Methoden des Ordens der Goldenen Dämmerung, in welchem Crowley seine Grundausbildung erhalten hatte, zum anderen wurde Crowleys Verständnis seiner eigenen Lehre, der Lehre von Thelema, welche sich auf das „Liber L vel Legis" gründet, vertieft und Crowley erkannte das Buch als grundlegend tantrisches Werk.

Crowley reorganisierte in der Folge die Rituale des O.T.O. nach thelemischen Richtlinien und überarbeitete das Unterrichtsmaterial. Theodor Reuß überließ Crowley im Jahre 1922 die Führerschaft des O.T.O. Die deutschen O.T.O.-Gruppen wurden 1937 durch die Nazis verboten und in den Folgejahren gab es außerhalb der USA, wo Kalifornien das Hauptzentrum war, keinerlei wirklich organisierte Aktivitäten des Ordo Templi Orientis.

Nach Crowleys Tod 1947 wurde Karl Germer, geboren 1885, der ‚Outer Head of the Order' - Äußeres Haupt des Ordens, d.h. der Chef des O.T.O. Heute[1] gibt es hauptsächlich vier Gruppen, welche beanspruchen, der ursprüngliche oder richtige O.T.O. zu sein. Es sind:

• Der Schweizer O.T.O. unter Frater Paragranus
• Der O.T.O. in Kalifornien, USA unter Marcello Motta
• Saturn Gnosis, O.T.O., in Deutschland besser unter dem Namen Fraternitas Saturni bekannt, welche bis zu seinem Tode von Gregor A. Gregorius, bürgerlicher Name Eugen Grosche, geführt wurde, und die heute in

---

1   Das bezieht sich auf die Zeit, in der das Buch verfasst wurde. Die Situation im Jahr 2015 ist eine andere.

viele kleine Gruppen zersplittert ist.

• Der Englische O.T.O. unter Kenneth Grant.

Ich will mich hier nicht auch noch in die Diskussionen darüber einmischen, welche von diesen vieren die richtige O.T.O.-Gruppe ist, da ich der Meinung bin, dass die ganzen Diskussionen, Beweise und Gegenbeweise zu diesem Thema ziemlich albern sind. Mir scheint, das einzig entscheidende Kriterium bei dieser Frage sollte sein, welche Gruppe die effektivste magische Arbeit leistet. Und wenn es vier Gruppen sind, die das tun, warum sollte es dann nicht vier O.T.O.'s geben.

Die derzeitige Lage ist so - und dies kann ganz sicher als persönliche Einschätzung betrachtet werden - dass ich von der Fraternitas Saturni bzw. Gruppen, welche diesen Namen für sich beanspruchen oder Abspaltungen davon sind, mehr über persönliche Rivalitäten als über effektive Arbeit höre. Außerdem haben all diese Gruppen es noch nicht fertiggebracht, sich von dem Alte-Männer-Okkultismus der frühen 20er Jahre zu lösen. Sie haben noch immer den gleichen schwülstigen Stil und verwenden den gleichen, unpräzisen Jargon.

Der Schweizer O.T.O. ist stark überaltert und seine Aktivitäten tendieren gegen Null. Der O.T.O. unter Marcello Motta und der unter Kenneth Grant sind wohl die zur Zeit aktivsten Gruppen, welche auch eine intensive theoretische Auseinandersetzung führen. Mein Eindruck ist jedoch, dass die magischen Grade in Mottas Organisation nicht mit den tatsächlichen Fähigkeiten der Gradinhaber übereinstimmen und das Ausbildungssystem somit ziemlich wertlos ist. Wollen wir es damit der Geschichte und der Geschichten genug sein lassen.

Die magische Formel des O.T.O.

Der O.T.O. war zweifellos der erste nicht von Aleister Crowley gegründete Orden, welcher Crowleys Kult, den Kult von Thelema oder das Gesetz von Thelema, akzeptierte. Die unteren O.T.O.-Grade haben freimaurerische Rituale und wenig magischen Wert. Erst in den höheren Graden wird die Sexual-Magie eingeführt.

Die Initialen O.T.O. zeigen einen offensichtlich phallischen Symbolismus - den Penis und die Hoden. Das T oder Tau in der Mitte wird deshalb auch oft in der umgekehrten Form als umgekehrtes Tau geschrieben - in dieser Form ist das umgekehrte Tau der erigierte Penis.

Eine weitere Interpretation sieht die beiden O's als die beiden Organe, zwischen welchen die Blitze des Tau - der schöpferischen Kraft - hin- und herzucken. Kabbalistisch gesehen können diese beiden O's durch den hebräischen Buchstaben Ajin, mit dem Zahlwert 70, dargestellt werden, womit sich für O + O der Zahlwert 140 ergibt. 140 ist u. a. der Zahlwert des Wortes Kathedra, ein Stuhl oder Sitz - was insbesondere die Verbindung zu der ägyptischen Göttin Isis zeigt - und es ist auch der Zahlwert des Wortes NTz, ein Falke, das Symbol des Gottes Horus. Das Wort

NTz ist auch das hebräische Äquivalent für NOX, Nacht, dem Gegenstück zu LVX, Licht. Diese Anspielung zielt auf die Nacht von Pan, auf die chthonischen Mächte. Auch der Name der Göttin Isis ergibt in hebräischen Buchstaben geschrieben (Iod, Samech, Iod, Samech) den Zahlwert 140.

Die beiden O's werden symbolisch als Augen bezeichnet. Das linke Auge ist das von Seth, es ist der Wohnort der Feuerschlange und ist in der Scarlet Woman, der scharlachroten Frau des „Liber L vel Legis", verkörpert. Das rechte Auge ist das von Horus und es symbolisiert die solar-phallische Energie des „Tieres 666". Zwischen diesen Augen erhebt sich das Tau, der Baum des Willens, dessen Zweige die Blitze dieser zwei Pole übertragen.

O.T.O. zeigt sich so als eine dreifache Formel, welche eine Entsprechung der thelemischen Formel LAShTAL ist. Die LAShTAL-Formel ist in Crowleys Anmerkungen zu Liber V vel Reguli[2] genau erklärt.

Kurz gesagt ist LA ein Symbol für Nuit. LA ist das hebräische Wort für Nichts und LA bedeutet hier die Leere oder das Vakuum, welches den aufsaugenden Wirbel erzeugt, der das verborgene Feuer - Sh - dazu veranlasst, wie eine Schlange (T) als Feuerschlange - ShT (Seth) - überzuspringen, um den Gott (AL) vollständig zu konsumieren, den Gott, dessen Schrein der Körper des Priesters ist. AL ist das hebräische Wort für Alles oder Gott. Der Buchstabe Sh bedeutet Feuer, das Feuer, welches im T, Tau, dem Phallus, verborgen oder potenziell enthalten ist.

---

2 Dieses Ritual und seine Anmerkungen sind in dem Buch „Magick" von Aleister Crowley enthalten.

Wir können sehen, dass die Buchstaben O.T.O. ein Symbol der thelemischen LAShTAL-Formel sind: LA (Nichtsein) = O, ShT (Seth) = T, AL (das umgekehrte LA, das umgekehrte Nichtsein, also Sein, bzw. wörtlich übersetzt Alles oder Gott) = O.T.O.

Die magische Formel des Ordo Templi Orientis ist die LAShTAL-Formel, ein spezieller Bereich des Gesetzes von Thelema.

Der Kult von Austin Osman Spare

Ein Buch über die Sexualmagie der heutigen Zeit darf auch Austin Osman Spare mit seinem Zos Kia-Kultus nicht außer Acht lassen. Für Spare war, genauso wie für Aleister Crowley, Sex der Schlüssel zur Magie und Sex ist demzufolge der Schlüssel zu ihren Systemen. Den Unterschied zwischen den Systemen von Crowley und Spare beschreibt Kenneth Grant wie folgt: „Aber wie für Spare Zauberei ein Mittel der Realisierung von Freude ist, der Umwandlung von Alter in Jugend, von Hässlichkeit in Schönheit, von Natur in Kunst, ist für Crowley Magie ein Mittel, Kraft zu erlangen und auszusenden, Schwäche in Stärke zu verwandeln, Unwissenheit in Wissen. Beide Adepten hatten ihre Vorgänger. Crowleys frühes Streben war stark durch MacGregor Mathers, einer Verkörperung von marsischer Energie, beeinflusst. Spare wurde durch die Hexe Patterson beeinflusst, die archetypische Hexe, welche sich nach Wunsch in ein außerordentlich verführerisches Geschöpf verwandeln konnte.

Austin Osman Spare (1886 - 1956)
war Künstler und Magier.

Crowley und Spare zogen ganz unterschiedliche Arten von Guru in ihre Orbits, mit denen sie ihre Charaktere genauso viel vermischten, wie sie ihrer Arbeit auch ihren eigenen Stempel aufdrückten. Dies erklärt ohne Zweifel die Tatsache, dass, als Spare kurze Zeit Mitglied der Bruderschaft des Silbernen Sterns (Crowleys Orden A∴A∴, Anm. d. Hrsg.) wurde, er nicht lange die Disziplin, welche die Mitgliedschaft forderte, akzeptieren konnte. Seine Konzeption von Freiheit besteht in dem unbegrenzten, künstlerischen Ausdruck des „innewohnenden Traumes", welcher in gewissem Sinne mit dem von Crowley formulierten Wahren Willen (Thelema) identisch ist ...

In seiner persönlichen Kopie von Spares Buch „The Fokus of Life" (1921) machte Crowley den folgenden

Randkommentar: „Mein Schüler hat viel vom Buch des Gesetzes[3] gelernt. Den Rest hat er aus dem Buch der Lügen gezogen und von William Blake, Nietzsche, und dem Tao Te King". 1923 fügte Crowley hinzu „ein zweites Lesen: Das Buch scheint besser und tiefer, als ich zuerst dachte".

Diese Überlegungen sind interessant, weil sie zeigen, dass Crowley Spare als seinen Schüler in okkulten Angelegenheiten betrachtete und weil sie auch zeigen, wie hoch in Crowleys Einschätzung Spares okkulte Einsichten waren, mit welchen er übereinstimmte, weil sie in der gleichen okkulten Tradition wurzelten, die er selbst in einer etwas unterschiedlichen Form erklärt."

Grant schreibt, dass Aleister Crowley ihm 1945 sagte, dass Austin Osman Spare durch die Kultivierung der Selbstliebe durch Freude ein Schwarzer Bruder geworden ist. Der Ausdruck „Schwarzer Bruder" bezeichnet eine Person, welche sich von dem vorwärtsführenden Strom der Evolution abgeschnitten hat, welche sich aller Veränderung widersetzt und welche die Erhaltung ihrer persönlichen, gegenwärtigen Individualität als höchstes Ziel betrachtet.

Diese Aussage Aleister Crowleys, dass Austin Osman Spare ein Schwarzer Bruder geworden ist, überraschte mich zuerst. Zum einen wegen Crowleys früherer sehr positiver Einschätzung von Spare, zum anderen, weil ihre beiden Systeme, trotz unterschiedlicher Terminologie fast identisch sind. Die Aussage wird jedoch verständlich, wenn man das Konzept von Thelema, Konversation und Umgang mit dem Heiligen Schutzengel bzw. die Erlangung des

---

3 Liber L vel Legis

Wahren Willens, in die Betrachtung einbezieht. Crowley urteilte hier nicht über Spares System, sondern über ihn selbst, und sagte damit, dass Austin Osman Spare es versäumt hat, seinen Wahren Willen zu finden.

Spares Konzept von Selbstliebe durch Freude entspricht genau dem Zustand des Menschen, der seinen Wahren Willen erlangt hat. Seinen eigenen Wahren Willen zu erfüllen, ist die Selbstliebe und, hat man sich mit ihm identifiziert, ist die Erfüllung dieses Willens auch Freude. Aber dies trifft natürlich erst dann zu, wenn die Primaten-Programme[4] des normalen Menschen überwunden und die Erleuchtungsstufe des fünften Schaltkreises, die Erkenntnis des eigenen Wahren Willens, erfolgt ist. Hat man diese Stufe jedoch nicht erlangt, so bedeutet Selbstliebe durch Freude nichts anderes, als das Verharren in den Primaten-Programmen, ja mehr noch, das immer tiefere Versinken in den roboterhaften Abläufen von Aktion und Reaktion.

Wenn Grant schreibt, dass Austin Osman Spare die in der A∴A∴ geforderte Disziplin nicht lange akzeptieren konnte, so sagt er damit dasselbe. Denn die in der A∴A∴ geforderte Disziplin wird zum Zweck der Umkehrung der Sinne bzw. der Lösung von den Roboter-Programmen eingesetzt. Diese Art von Schulung bedeutet, wie schon vorher in diesem Buch behandelt, nichts anderes, als die Dinge, die den Programmen zuwiderlaufen, die Ekel, Abneigung usw. auslösen, zu tun, und sie den freudigen Dingen gleichwertig zu machen. Und dies erfordert natürlich Disziplin, wie alles,

4   Bezieht sich auf das Schaltkreis-Modell nach Leary/ Eschner, z. B. in „Psychologik" und „Netzwerk Thelema".

was den Gewohnheiten zuwiderläuft. Auf dieser Stufe von Selbstliebe durch Freude zu reden heißt nichts anderes, als die Roboterprogramme zu verewigen, die Roboterindividualität zum höchsten Ziel zu erheben.

Der ganze Wert des magischen Systems von Austin Osman Spare zeigt sich erst nach Erlangung des eigenen Wahren Willens. Austin Osman Spare nannte sein magisches System den Zos Kia Kult. Spare nannte sich als Zauberer Zos vel Thanatos oder einfach Zos. Zos definierte er als „der Körper als ein Ganzes betrachtet". Er meint damit die Einheit von Körper, Geist und Seele, und dieses Zos ist der Alambic seiner Zauberei. Sein magischer Name Zos vel Thanatos zeigt seine grundlegende Identifikation mit Körper und Tod.

Das andere Schlüsselwort von Austin Osman Spare ist Kia. Das Wort repräsentiert das atmosphärische ‚Ich', das kosmische Selbst, welches Zos als sein Aktivitätsfeld benutzt. Der Zos Kia Kult ist so der Kult von Zos, dem ganzheitlichen Körper und Kia, dem kosmischen Selbst. Der Ausdruck Zos Kia Kultus impliziert das polarisierte Wechselspiel der sexuellen Energien, der positiven und der negativen Ströme, welche durch die Hand und das Auge symbolisiert werden. Das Auge und die Hand sind die Organe, welche, wenn koordiniert, die Mittel sind, wodurch der Zauberer die im Unbewussten latent vorhandenen ursprünglichen Energien anruft. Die Hand ist Zos und das Auge ist Kia - die alles fühlende Berührung und die alles sehende Vision.

Das System des Zos Kia Kultus besteht im Wesentlichen aus fünf Elementen:

1. Wille, Wunsch (Begehren) und Glauben, welche als Einheit betrachtet werden.
2. Atavistische Nostalgie (Heimweh) – die Sehnsucht nach dem Ursprung.
3. Besessenheit und Ekstase.
4. Die Todesstellung.
5. Die neue Sexualität.

Diese Elemente können nicht voneinander getrennt werden. Keines von ihnen ist höher oder besser als ein anderes und auch ihre Wechselwirkung ist gleichzeitig.

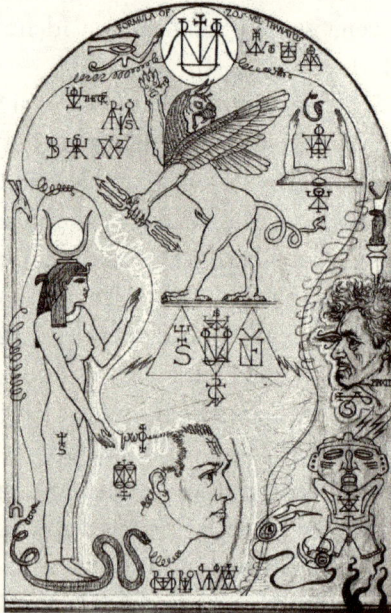

Die Stele „Zos vel Thanatos" von Austin Osman Spare. Oben in der Mitte Thanatos, der gewaltsame Tod.

Die Trennung in fünf Punkte geschieht hier nur, um die Besprechung des Zos Kia Kultus zu vereinfachen.

Die Einheit von Wille, Wunsch und Glauben ist die metaphysische Basis des Zos Kia Kultus und das Auge und die Hand sind sowohl das symbolische als auch das tatsächliche Mittel der magischen Kontrolle des Bewusstseins. Das Auge bedeutet zum einen die Imagination, welche wir schon in früheren Kapiteln als unverzichtbaren Bestandteil jeder magischen Handlung kennengelernt haben. Es bedeutet in diesem Zusammenhang aber noch mehr, nämlich das abstrakte Konzept Zos in seinem ursprünglichen Sinn als Quelle der Form und erst von daher der Vision bzw. der Imagination. Als weniger abstraktes Konzept bedeutet das Auge im Zos Kia Kultus genauso wie in vielen anderen Kulten auch die biologische, die weibliche Quelle der Form, jenes andere Auge, welches uns schon bei den beiden O's von O.T.O. begegnete. Die Hand als Symbol des schöpferischen Dranges zu tun, bezeichnet den phallischen Willen.

Zos Kia ist daher eine Glyphe der Zusammenarbeit von Hand und Auge und enthält eine einfache magische Formel: den Willen (Zos) und sein Ausdrucksmittel durch Vermittlung des Begehrens oder der Imagination (Kia).

Das dritte Element des ersten Punktes ist der Glaube. Spare versteht unter Glaube allerdings nicht den halbherzigen Glauben, der den normalen Menschen eigen ist, sondern sein Verständnis von Glauben ist ein Wissen, welches so unerschütterlich ist, dass es über das beweisbare, logische oder naturwissenschaftliche Wissen hinausgeht. Eine Identifikation, die er Glaube nennt.

Dieser Glaube tritt auf, wenn Wille und Wunsch eins sind. Deshalb sind Wille, Wunsch und Glaube eins. Wenn die Hand, der Wille und das Auge, der Wunsch koordiniert werden, so ist das Resultat ein Werk der Kunst oder ein erfolgreiches magisches Werk, ein Pentakel, welches die innere Vision oder den Glauben des Ausführenden darstellt. Die Hand wird so leer, wie das Auge voll wird, leerer und erfüllter Raum. So wird Realität erschaffen. Der alte Glaube an die Realität, die alte Sichtweise, der alte Realitätstunnel, wird geleert oder aufgelöst und der neue Glaube, die neue Realität wird erschaffen.

Aber, sagt Spare, ,Glaube muss begrenzt sein, um Tiefe und Bedeutung zu haben' und daher wird jeder Glaube, wenn er verkörpert wird, ein Teil der Vergangenheit des Erklärenden selbst, der Glaube ist nicht länger inhärent. Die Essenz von Spares System ist deshalb das Leben und Entleeren des Glaubens, das ständige Verändern der Realität oder, wie Crowley es ausdrückte ,das Kennzeichen der Götter ist es, zu gehen', womit er genau die gleiche Art von ständiger Veränderung der Realität meinte.

Wir können hier sehen, dass Spare im Prinzip nur andere Ausdrücke für das verwendet, was wir in vorhergehenden Kapiteln besprochen haben. Die Hand als Symbol des Willens oder der Energie, das Auge als Symbol des Wunsches oder der Imagination und wenn beide zusammenarbeiten, in der richtigen Koordination, entsteht jener vitale, schöpferische Glaube, welcher seine Vitalität, seine schöpfende

Energie aus den kosmischen Kraftquellen oder den Arche-
typen des Unbewussten bezieht und so zur Realität wird,
Realität erschafft. Dieser Glaube muss nicht, wie Grant
sagt, eine psychische Erfahrung sein, sondern er ist eine
Realisierung.

Die Energien, welche diesen Glauben zur Realität
machen, können nicht durch Lippenbekenntnisse über
Willen und Wunsch erzeugt werden, sondern nur durch
so starke, psychische Erfahrungen oder Erlebnisse, dass
die Energien des archetypischen Unbewussten freigesetzt
werden. Die Gefahren sind natürlich auch wieder die gleichen wie in den vorhergehenden Kapiteln geschildert.

Die anderen eingangs genannten Punkte sind in dem
geschilderten Gesamtprozess enthalten und führen
eigentlich nur wichtige, weitere Bestandteile des Prozes-
ses genauer aus. Umgekehrt könnte man allerdings auch
sagen, dass jeder dieser fünf Punkte für die Schilderung des
Gesamtprozesses verwendet werden kann und dann jeder
der anderen wiederum nur Einzelheiten illustriert.

Die atavistische Nostalgie - eine Art Heimweh nach
dem Ursprung - bezieht sich auf das Sehnen nach archetypischen Bereichen des Unbewussten, in welchen frü-
here Evolutionsstufen bzw. die Mächte, die Kräfte und
das Wissen von früheren Evolutionsstufen enthalten sind,
Energien, welche für den geschilderten Prozess nutzbar
gemacht werden müssen. Besessenheit bezeichnet in unserer Sprache wieder die Einpunktigkeit und Ekstase, die
Energie, welche den Glauben vital macht.

Die Todesstellung definiert Spare als ‚eine Simulation des Todes durch vollständige Negation des Denkens'. Er sagt „durch die Todesstellung ist es dem Körper erlaubt, spontan zu manifestieren ... nur der, welcher seiner Handlungen nicht bewusst ist, hat Mut, jenseits von Gut und Böse und ist rein in seiner Weisheit des gesunden Schlafes". In seinen Ausführungen über die Todesstellung hebt Spare interessanterweise die Notwendigkeit der Selbstdisziplin hervor. Er schreibt in „The Book of Pleasure" in der sechsten Formel von Zos, betitelt „Metamorphosen durch Todesstellung": „Die Kräfte der Visualisierung, Selbstdisziplin und Konzentration sind notwendige Qualitäten. Alle magische Praxis braucht, um effektiv zu sein, großen Mut".

In Crowleys Sprache ausgedrückt ist die Todesstellung nichts anderes, als das vollständige Leersein vom bewussten oder wissenden Denken, der Zustand, in welchem nur noch der Wahre Wille handelt. Spare schreibt: „Inspiration geschieht immer in einem Moment der Leere und die meisten großen Entdeckungen geschehen - zufällig - gewöhnlich durch Erschöpfung des Geistes, hervorgebracht" (Book of Pleasure). Die neue Sexualität beschreibt Spare in seiner ersten publizierten Sammlung von Zeichnungen „Earth Inferno" wie folgt:

Die Einsamkeit der universalen Frau liegt unfruchtbar /
auf der Brüstung des Unbewussten in der Menschheit; /
und die Menschheit sinkt in die Grube der Rationalität. /
Heil! Die Konvention der Zeitalter nähert sich ihrer
Grenze /

und mit ihr eine Wiedergeburt der Ursprünglichen Frau.

Die „universale Frau" ist sowohl der Initiator als auch der Lehrer der neuen Sexualität, welche die Dualität transzendiert. Die neue Sexualität entsteht nur, wenn der bewusste Geist und Kia eins sind. D. h. wenn der Mensch seinen Wahren Willen nicht nur erkannt, sondern sich mit ihm auch identifiziert hat. Nur in diesem Stadium existieren im Bewusstsein keine Spannungen, welche die Illusion eines individuellen Besitzers des Bewusstseins erzeugen können. Kia, das kosmische Bewusstsein, d. h. das Bewusstsein, welches von den Grenzen der Form frei ist, ist unendlich und nicht lokalisierbar. Es ist für alle Ziele und Zwecke nichts.

London, Brixton Road, Aufnahme aus 2007. Die Straße führt quer durch den Stadtteil Brixton, in dem Spare seine späteren Lebensjahre verbrachte.

Auch hier wird wieder die Identität zwischen Zos Kia und Thelema deutlich. Im „Liber L vel Legis" sagt die Göttin Nuit in Bezug auf die Sexualität ‚Aber immer zu mir', was das Gleiche ausdrückt - Sexualität jenseits der Individualität. Sexualität ist hier nichts anderes als Zos und Kia.

Die erste Zeile der „Evokation von Zos" von Austin Osman Spare beginnt mit den Worten „Oh mächtiger Rehctaw!". Rehctaw ist das englische Wort „Watcher", rückwärts gesprochen, um zu zeigen, dass wir durch das Zurückwenden des Denkens zu seiner Quelle zum Schluss zum Anfang kommen - zu dem Punkt, in dieser rückwärts gerichteten und nostalgischen Forschung, wo das Wissen aufgegeben ist, wo alle Gedanken schwinden und die ursprüngliche Sexualität - die Göttin - zum Gesetz wird, und sich in reiner Spontaneität manifestiert, ungehindert von jeder individuellen Färbung. Und so wird die ‚ursprüngliche Frau' von Spares neuer Sexualität als die Wiedergeburt der Realität verehrt, welche beim Beenden der Konvention des Herkömmlichen, d. h. des kristallisierten und damit verrotteten Glaubens, erscheint.

Die Sexualmagie von Austin Osman Spare ist auch wichtig, weil in ihr sehr viele interessante Techniken beinhaltet sind, die Crowleys System erweitern. Die Voraussetzungen zur Ausübung sind die gleichen. Daher sind sie leicht anwendbar. Hier sei nur kurz auf Spares System der Sigillisierung verwiesen, welche in Crowleys System kein Gegenstück hat, aber eine einzigartige

Arbeitserleichterung darstellt. Spare behandelt die Sigillenmagie in seinem Buch „The Book of Pleasure".

Aleister Crowley, Austin Osman Spare, Michael Eschner. Drei Männer, die ihr Leben der Magie gewidmet haben. Mit ihren Namen ist die Wiederbelebung der Sexualmagie im 20. Jahrhundert umrissen. Sie haben die Forschungs- und Entwicklungsarbeit für Generationen von Strebenden beflügelt.

6. Unterweisung: Was ist Tantra? Unterschiede zur Sexualmagie

• •

Yoga hilft einem, länger und besser Sex zu haben.
Ich kann das schlecht erklären aber gut vormachen.

Sting

Einführung in Tantra[1]

1. Was ist Tantra?

Tantra ist ein Sanskrit-Ausdruck, der wörtlich "Gewebe, Zusammenhang, Kontinuum" bedeutet. Im Hinduismus bezeichnet Tantra sowohl eine Praxis als auch bestimmte (tantrische) Schriften. Das zentrale Thema des Tantra ist die Beziehung zwischen Shiva, dem göttlichen Herrn, und seiner Shakti (Sanskrit: "Kraft, Macht, Energie"), der göttlichen Mutter, seiner Gemahlin. Tantra versucht, den Menschen durch Erweckung der Schöpferkraft (Kundalini-Shakti, wörtlich: "Schlangenkraft") in ihm, mittels Ritual und Meditation, zu göttlicher Vollkommenheit zu erheben. Im hinduistischen Tantra haben sich zwei Schulen herausgebildet.

- Vamachara, der (gefährliche) Weg der linken Hand, nimmt die Beziehung Shiva-Shakti wörtlich und versucht, das Ziel des Tantra mittels Ekstasetechniken, insbesondere sexueller Art, zu erreichen.
- Dakshinachara, der Weg der rechten Hand, nimmt die Beziehung Shiva-Shakti symbolisch und versucht, das Ziel des Tantra durch läuternde Rituale, strenge spirituelle Disziplin und absolute Hingabe an die Göttliche Mutter zu erreichen.

---

1   Das Kapitel ist Frage- und Antwort-Text, ein FAQ. Der Autor geht hier auf die Fragen ein, die ihm immer wieder gestellt wurden.

Tantra-Yoga, auch Kundalini-Yoga (Sanskrit: "Schlangen-Yoga"), hat das Ziel, die Kundalini, eine spirituelle Kraft, zu erwecken und durch die Chakras (Sanskrit: "Rad, Kreis") aufsteigen zu lassen. Die Schlange ruht am unte-

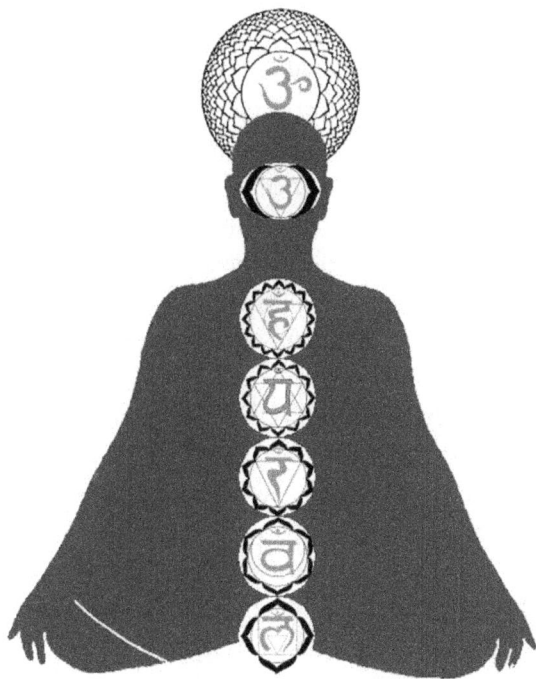

ren Ende der Wirbelsäule und wird durch die Wirbelsäule zum Scheitel des Kopfes und dann darüber hinaus geführt. Nach den Schriften erlangt man dadurch alle göttlichen Kräfte, die im Menschen potenziell immer schon vorhanden sind, Weisheit und Seligkeit. Die Praxis des Tantra-Yoga besteht aus Reinigungen, Atemübungen (Pranayama), Einnahme bestimmter Körperstellungen (Asanas). Und praktisch besonders wichtig ist die intensive Konzentration auf bestimmte Körperstellen, die Orte der Chakras. Zu ihrer Aktivierung werden in den Chakras Symbole visualisiert.

Im Tibetischen Buddhismus ist Tantra der Oberbegriff für die Grundwerke des Vajrayana (Sanskrit: "Diamant-Fahrzeug") und die dort beschriebenen Meditationssysteme. Es handelt sich dabei im Wesentlichen um das Rezitieren von Mantras (heilige Worte), das Betrachten von Mandalas (Symbole der Ganzheit) und die Einnahme spezieller Mudras (rituelle Gesten). Daneben bezeichnet Tantra im tibetischen Buddhismus verschiedene Arten von Texten (medizinische Tantras, astrologische Tantras etc.).

Im westlichen New Age werden mit Tantra sehr verschiedene Techniken und Glaubenssysteme bezeichnet. Der gemeinsame Nenner besteht darin, dass sie alle mit Sex zu tun haben, meist am Wochenende stattfinden und gewöhnlich recht teuer sind.

2. Muss man Hindu oder Buddhist sein um Tantra praktizieren zu können?

Die Antwort dürfte klarer werden, wenn wir die Frage ein wenig umstellen: Muss man Christ sein, um an einer christlichen Messe teilnehmen zu können? Jeder kann teilnehmen, kann die rituellen Kniefälle machen, das Kreuzzeichen schlagen und fromme Lieder singen. Um zu verstehen, was tatsächlich mit dem Ritus der Messe gemeint ist, muss er sich jedoch einige Zeit mit christlicher Theologie beschäftigen. Will er darüber hinaus auch die emotionale Anteilnahme eines gläubigen Christen erreichen, wird er sich sehr intensiv in diesen Glauben vertiefen müssen.

All das trifft auch auf die hier gestellte Frage zu. Die Techniken und Rituale kann jeder vollziehen, obwohl der korrekte Vollzug mancher Asanas und Atempraktiken einiger Vorübung bedürfen. Um aber zu verstehen, was man da tut und um die notwendige emotionale Anteilnahme (Kraft!) aufbringen zu können, dürfte es ratsam sein, vorher einige Jahre das entsprechende Glaubenssystem überzeugt zu praktizieren.

3. Kann man Tantra auch ohne religiöse Überzeugung praktizieren?

Sicher, man kann auch ohne religiöse Überzeugung beten. Die Frage stellt sich: Was kann man damit erreichen? Sowohl das hinduistische als auch das buddhistische Tantra sind zutiefst religiös. Nimmt man die Religion weg, bleiben physische und psychische Techniken übrig, jedoch kein Ziel, um dessen willen sich der Aufwand lohnt.

Wenn es gelänge, ein anderes Ziel zu finden, zu dem die physischen und psychischen Techniken ein Mittel sein können, käme Sinn in die Sache. Die Frage ist dann jedoch: Warum sollte man das dann noch Tantra nennen?

Eine ganz andere Sache ist das, was in der zeitgenössischen esoterischen Szene mit Tantra bezeichnet wird. Hier geht es teilweise nur um eine positivere Einstellung zum Sex, um neue Sex-Stellungen oder um eine kompliziertere Bezeichnung für verschiedene Arten des Rudelbumsens. Das fällt meines Erachtens unter Psychohygiene und bedarf nicht notwendig einer religiösen Überzeugung, diese kann sogar hinderlich sein. Schon im Bereich der sexmagischen, sexmystischen oder sexreligiösen Angebote sieht es aber wieder anders aus.

Eine – oft unterschätzte – Besonderheit besteht darin, dass man bei allem was mit Religion, Mystik oder Magie zu tun hat, nur erfolgreich sein kann, wenn man an das zugrundeliegende Weltbild nicht nur glaubt, sondern davon fest überzeugt ist. Weiterhin ist natürlich vorausgesetzt, dass das entsprechende Weltbild überhaupt erfolgsfähig ist.

4. Was ist Karezza?

Laut Brockhaus: "Karezza (italienisch), eine Form des geschlechtlichen Verkehrs, bei dem der Koitus nicht bis zum Orgasmus betrieben wird." Das hört sich eher nach einem Coitus interruptus an und ist nur ein Teil der Wahrheit. Karezza ist eine Ekstasetechnik und nicht an den Koitus, die Vereinigung von Lingam und Yoni (so im Tantra, hier eher Vulva und Penis) gebunden. Jede Art der sexuellen Reizung ist möglich. Das primäre Ziel ist sozusagen, einen endlosen Orgasmus zu erzielen, zumindest eine dem Orgasmus ähnliche aber intensivere Ekstase. Das bedeutet, dass der Höhepunkt (Klimax) nie überschritten wird, der Mann z. B. keinen Samenerguss haben darf.

Die Technik besteht im Wesentlichen darin, dass der Reiz entsprechend gemindert (langsamer, langsamer und ganz sanft) und die sich aufstauende Energie, welche sich sonst im Orgasmus entlädt, durch entsprechende Techniken, z. B. Pranayama (Atemtechnik), im ganzen Körper verteilt wird. Dadurch wird eine energetische Überladung erzielt, welche dann entsprechend mystisch, magisch oder religiös verwertet wird.

Karezza ist allerdings keine europäische Erfindung. Die Technik der Zurückhaltung des Spermas unter den Laborbedingungen der (buddhistischen) tantrischen Kopulation ist eine wesentliche Bedingung der Erleuchtung. Die drei Edelsteine sind Atem, Samen und Denken. Der erste Schritt ist die Kontrolle des Atems, der zweite die Kontrolle des Spermas und der dritte die Beherrschung der Gedanken. Dieser letzte Schritt ist gleichbedeutend mit der höchsten Vollendung, intuitiver Weisheit und der Befreiung von der Wiedergeburt. Der wesentliche Unterschied zwischen dem buddhistischen und dem hinduistischen Tantrika scheint zu sein, dass ersterer den Samen zurückhält, während letzterer ihn ausstößt.

5. Was ist taoistische (sexuelle) Alchemie?

Taoismus ist ein Sammelname für die chinesische Philosophie (Tao-chia) und Religion (Tao-chiao). Das Tao-chia ist eine mystische Lehre, deren primäre Themen das Tao, der Weg, und das Wu-Wei, das absichtslose Handeln, sind.

Im Mittelpunkt der verschiedenen Spielarten des religiösen Taoismus steht das Streben nach Unsterblichkeit.

Eine Strömung des religiösen Taoismus ist die taoistische Alchemie, welche sich in zwei Schulen, nämlich Wai-tan (chin., wörtl.:"Äußerer Zinnober"), die äußere Alchemie und Nei-Tan (chin., wörtl.:"Innerer Zinnober"), die innere Alchemie, gliedert.

Die taoistische Alchemie will die unsterbliche Seele aus den drei lebenserhaltenden Kräften, der Essenz (Ching), der Lebensenergie (Ch'i) und dem Geist (Shen) entwickeln. Die Wai-tan Schule versucht aus Zinnober und Gold ein Unsterblichkeit verleihendes Elixier zu brauen. In der Nei-Tan Schule wird durch Atemtechniken zuerst die Essenz geläutert und dann in Ch'i umgewandelt, welches wiederum geläutert und dann zu Shen transformiert wird. Um dies zu erreichen, muss die Essenz zuerst gestärkt werden, zu welchem Zweck Sexualtechniken (Fang-chung shu, chin., wörtl.: "Künste der inneren Kammer") eingesetzt werden.

Um seine Essenz zu stärken, bedarf der Adept der Energie des anderen Geschlechts, denn der Mann kann sein Yang nur unter dem Einfluss des weiblichen Yin stärken und umgekehrt. Die wichtigste Methode zur Stärkung der Essenz sind Vermeidung der Ejakulation und das Umleiten der Essenz, um das Gehirn zu stärken. Der Samen (Ching, die Essenz des Samens) vereint sich mit der Vitalenergie (Ch'i), damit das Gehirn verjüngt wird.

6. Was ist Sexualmagie oder Sexualmagick?

Sexualmagie ist der Gebrauch sexueller Energien, um magische Wirkungen zu produzieren. Die durch den sexuellen Akt erzeugten psycho-physischen Energien werden auf das gewünschte Ziel, z. B. eine Imagination, ein Talisman, Siegel, Amulett, Kraut, Tinktur etc. kanalisiert. Sexualmagie wird oft in einem rituellen Rahmen vollzogen und durch Inkantationen, Vibrieren magischer Wörter oder zeremonielle Handlungen verstärkt und gezielter kanalisiert.

Die westliche Sexualmagie ist eine eher eklektische Sammlung von Techniken und Ritualen, die im besten Fall auf Erfahrung basiert, oft aber nur aus angelesenen Bruchstücken besteht und theoretisch bleibt.

Magick ist die Bezeichnung, welche Aleister Crowley seinem magischen System gab. Das K am Ende steht für "Kteis", dem griechischen Wort für die Yoni. Damit gibt sich dieses System als primär sexualmagi(k)sches zu erkennen. Der Begriff Sexualmagick sollte nur bezüglich des Crowleyanischen magischen Systems verwendet werden. Crowley beschreibt in seinen Büchern, Tagebüchern und Ritualen die Anwendung der Sexualmagick zwar leicht symbolisch verhüllt aber mit fast wissenschaftlicher Präzision. Durch den Begriff Sexualmagick sollte man sich nicht täuschen lassen, bei vielen von Crowley beschrieben Anwendungen ist das Ziel eher mystisch oder religiös als magisch.

Tantra ist eher sexualmystisch, aber es gibt auch sexualmagische Schulen des Tantra, insbesondere solche des Weges der linken Hand.

Neben den genannten Richtungen gibt es noch eine folkloristische Sexualmagie der Naturreligionen. Magisch in all den Fällen, in denen das Ziel nicht nur die Verehrung der Götter (religiös) oder die Transzendenz des Selbst (mystisch), sondern eine Veränderung der materiellen Welt, z. B. reiche Ernte, gutes Wetter etc. ist.

7. Was ist der Unterschied zwischen Tantra und Sexualmagie?

Tantra ist eine mystische Richtung innerhalb von Religion. Magie ist keine Religion. In einer Religion werden Götter verehrt und die religiösen Handlungen dienen der Verehrung oder Besänftigung der Götter. Es werden auch Wünsche an die Götter gerichtet, z. B. mittels Gebeten, aber der angerufene Gott entscheidet selbst, ob er dem Wunsch nachkommt.

Mystik findet zwar oft im Rahmen einer Religion statt, ist aber keine Religion. Unter dem Oberbegriff Mystik werden Techniken zur Transzendierung des Selbst zusammengefasst. Das Ziel der Mystiker reicht von der Transformation des Selbst zu einer höheren Seinsform bis zur Vereinigung mit dem Göttlichen.

Magie ist eine Sammlung von Techniken mit dem Ziel gewünschte Veränderungen in der materiellen Welt mittels geistiger oder psychischer Kräfte zu erzielen. Wie die

Parapsychologie zeigt, sind magische Wirkungen prinzipiell ohne religiösen Bezug möglich.

Techniken[2]

8. Mit welchen Techniken kann der Orgasmus verlängert werden?

Das kann erreicht werden durch die Visualisierung bestimmter Symbole, durch geeignete Atemtechniken (Atem verlangsamen und/oder halten), Rezitation von Mantras. Ebenso sind die Lockerung bestimmter Muskeln im Genitalbereich und das Drücken bestimmter Punkte im Genitalbereich wirksam, um den Orgasmus zu verlängern oder hinauszuzögern.

9. Gibt es Unterschiede zwischen Tantra- und Karezza-Techniken?

Tantra-Techniken sind traditionell festgelegt. Karezza ist keine festgelegte Schule, sondern eine eher eklektische Sammlung von Techniken, den Orgasmus zu verlängern, jeder benutzt was funktioniert. Bei den Karezza-Techniken

---

2   Der Abschnitt „Techniken" ist sehr knapp gehalten, mehr stichpunktartig. Hier erleichtert diese Form das schnelle Auffinden. Außerdem sind manche Antworten vage - das ist Absicht des Autors und soll den praktizierenden Leser schützen: Wer die Sache gründlich beobachtend angeht, findet die wichtigen Details der Antwort selbst. Wer aber alles fertig serviert möchte, wird enttäuscht. Die gute Nachricht ist: In den anderen Kapiteln sind die Techniken und Übungen ausführlich erläutert. (Anm. d. Hrsg.)

kann man alle Techniken finden, die im Tantra verwendet werden, umgekehrt gilt das nicht.

10. Kann die Verlängerung des Orgasmus oder das Zurückhalten des Samens zu körperlichen Schäden führen?

Das hängt von Intensität und Umfang (Länge, Häufigkeit) der Durchführung ab. Je höher Intensität und Umfang sind, desto wahrscheinlicher sind Wirkungen. Wirkungen können die Gesundheit fördern, aber sie können auch schaden.

Die Verlängerung des Orgasmus führt zu einer energetischen Überladung. Diese kann sich z.B. in Muskelzuckungen oder Krämpfen äußern. Wenn ein sehr verspannter Körper (es geht um den von Wilhelm Reich untersuchten Muskelpanzer) von derartigen Energien durchschossen wird, können muskuläre Verkrampfungen auftreten, die bis zum Knochenbruch führen.

Wenn man nur die Intensität oder nur den Umfang steigert, nicht aber beides gleichzeitig, und dabei langsam, überlegt und vorsichtig vorgeht, kann man die Grenzen gewöhnlich rechtzeitig erkennen. Zusätzlich ist auch die Beherrschung passender Atemtechniken, Visualisierungen und Meditationen hilfreich. Der Abbau des Muskelpanzers mittels Massagen, Dehnungen, Bioenergetik etc. ist jedenfalls eine Vorbedingung für den gefahrlosen Zugang zu höheren Stufen der Sexualtechniken.

11. Wie kann man seinen Partner für Tantra, Karezza oder Sexualmagie interessieren?

Finde in gemütlich-liebevollen Gesprächen heraus, was der/die andere für Interessen hat. Erkunde die sexuellen Interessen, Vorlieben und Vorurteile. Dazu eignet sich oft die Praxis besser als nur Gespräche. Kategorisiere die Interessen nach:
• Magie: Interesse an materiellen Veränderungen.
• Mystik: Interesse an Bewusstseinserweiterung.
• Religion: Interesse an einer bestimmten Gottheit, z. B. Isis, Shiva etc.

Finde ein System, welches dem stärksten Interesse entspricht. Suche in diesem System Sexualtechniken, welche den sexuellen Vorlieben des/der anderen entsprechen.

Erwähne ihm oder ihr gegenüber die sich bietenden Möglichkeiten. Zeigt er/sie Interesse: sprecht darüber. Zeigt er/sie kein Interesse, fange wieder bei eins an. Und das Wichtigste: Drängle nicht!

12. Kann man Tantra, Karezza und Sexualmagie auch allein praktizieren?

Ja! Man sollte diese Möglichkeit, die für jeden gegeben ist, sogar auf jeden Fall nutzen. Selbstbefriedigung verhilft zu einer genaueren Kenntnis der eigenen Reaktionen und Möglichkeiten. Sie ist deshalb eine sehr gute Vorbereitung für die Tätigkeit zu zweit.

Selbstbefriedigung ist gesellschaftlich geächtet, weil man seine Befriedigung aus der Arbeit oder von Gott beziehen soll, deshalb sind auch harmlose Drogen (Hanf) kriminalisiert. Befriedige dich selbst, ganz genüsslich – schon das kann zu ekstatischen Erfahrungen mit mystischen Resultaten führen! Es gibt Überlieferungen von Göttern, die die Welt mittels Masturbation erschaffen haben. Es gibt Überlieferungen von Ritualen, in denen Selbstbefriedigung als mystische, magische sogar religiöse Praktik verwendet wird. Rituale, in denen der/die Anbetende visualisiert, wie er/sie geschlechtlich mit seinen/ihren Göttern verkehrt und dabei sich selbst befriedigt. Er/Sie opfert den Göttern seinen Samen, ihren Genuss!

13. Empfehlen Lehrer von Sexualtechniken bestimmte standardisierte Praktiken?

Es gibt keine universellen Standards, jedoch sind die folgenden Techniken weit verbreitet und für die meisten Menschen einfach und nutzbringend anwendbar.

Verehrung der (primären und sekundären) Geschlechtsorgane

Diese Art der Verehrung ist sowohl in den Naturreligionen als auch im Tantra sehr weit verbreitet. Abbilder in der Form von Statuen oder Bildern, aber auch das lebendige Organ, werden mit Hymnen gepriesen, mit Blumen geschmückt oder symbolisch betätigt.

Im tiefen Erdbeertal, im schwarzen Haar,
da schlief ich manches Sommerjahr
bei dir und schlief doch nie zuviel.
Ich habe jetzt ein rotes Tier im Blut,
das macht mir wieder frohen Mut.
Komm her, ich weiß ein schönes Spiel
im dunklen Tal, im Muschelgrund …
Ich bin so wild nach deinem Erdbeermund!

Francois Villon, aus „Verliebte Ballade für ein Mädchen namens Yssabeau"

Die Verehrung der Geschlechtsorgane ändert die innere Einstellung zu diesen, gesellschaftlich als schmutzig geächteten, Organen. Das Mysterium der primären Geschlechtsorgane ist nicht nur die Zeugungsfähigkeit, die Fähigkeit, neues Leben zu erschaffen, sondern auch die enge Verbindung von Geschlechtsorgan und Abfallabsonderungsorgan, der schöpferischsten Fähigkeit des Menschen mit seinem am meisten verabscheuten Schmutz in den gleichen Körperöffnungen oder in unmittelbarer Nähe.

Kontrolle des Orgasmus

Die Kontrolle des Orgasmus zwecks Verlängerung oder Vermeidung desselben wird in fast allen Schulen gelehrt und verlangt. Einzige Ausnahme sind wohl einige Feste und Praktiken der Naturreligionen. Einige einfache Techniken zu diesem Zweck findet man in jedem mittelmäßigen Buch über Sex. Die hohe Schule der Verlängerung des Orgasmus setzt jedoch die Fähigkeit zur Kontrolle des Atems voraus.

Zweck der Technik ist, wie oben schon beschrieben, eine psychophysische Energie-Überflutung. Die Energie kann dann zu den verschiedensten Zwecken kanalisiert – oder einfach genossen werden.

Sanfte Erregung

Das bedeutet Verkehr mit sehr sanften und leichten Reizen, zumindest ab einem gewissen Punkt der Erregung. Bewegung und Druck werden stark reduziert, die Bewegung wird oft ganz eingestellt. Die bevorzugte Stellung ist Frau oben Mann unten, aber natürlich sind auch manuelle und orale Techniken gut geeignet.

Zweck der Technik ist es, den Spannungsbogen sehr lange aufrechtzuerhalten und nur sehr langsam zu steigern. Wenn der Partner ein Meister dieser Technik ist, ist es kaum noch nötig, den eigenen Orgasmus zu kontrollieren.

In die Augen schauen

Diese Technik besteht einfach darin, dass die Partner einander während der ganzen Zeit des sexuellen Verkehrs in die Augen blicken. Welche Art des Verkehrs gewählt wird, ist unwichtig, man muss sich nur in die Augen blicken können.

Die Wirkung dieser Technik besteht in einem gesteigerten Gefühl der Verbundenheit. Sensitivere Menschen empfinden auch energetische Schwingungen zwischen den Augenpaaren. Letztlich wird die Intensität des Aktes erheblich gesteigert.

Pranayama (Atemkontrolle)

Pranayama sollte jeder zuerst für sich allein üben und bei Sexualpraktiken nur das anwenden, was er allein beherrscht. Atemkontrolle ist integraler Bestandteil aller asiatischen Sexual- und Yogapraktiken. Erst müssen die Asanas (Körperstellungen) beherrscht werden, dann der Atem und dann kommt erst der sexuelle Teil.

Eine einfache Atemtechnik ist der vierfache Atem: Einatmen, anhalten, ausatmen, anhalten, je 15 Sekunden über etwa eine Stunde. Zu beachten ist, dass Bauchatmung gemacht wird und jeweils vollständig ein- und ausgeatmet wird. Diese Technik lässt sich, wird sie einmal beherrscht, sehr leicht bei allen sexuellen Praktiken durchführen.

Andere Atemtechniken bestehen in langem Anhalten der Luft, in Hyperventilation und im synchronen Atmen, d. h. beide Partner atmen koordiniert gemeinsam ein und aus.

Buddhastatue

150

Synchronatmen kann man gut mit dem vierfältigen Atem verbinden.

Durch die entsprechende Atemtechnik kann man den Orgasmus verzögern oder verhindern, aber auch beschleunigen und steigern, vor allem auch synchronisieren.

14. Ist es möglich Tantra, Karezza oder Sexualmagie ohne Guru oder Lehrer zu lernen?

Die tantrischen Schriften beantworten diese Frage mit einem klaren Nein. Ein Guru, d. h. jemand, der alle Stufen des Tantra gemeistert hat, muss den Schüler einweihen, belehren und führen. Ein Grund für diese Vorschrift ist, dass nicht alles, was der Schüler wissen muss, in schriftlicher Form vorliegt, der Schüler manches nur von seinem Guru erfahren kann. Ein anderer Grund ist darin zu sehen, dass es einfach nicht möglich ist alles aus Büchern oder Erzählungen zu lernen.

Tantra ist eine praktische Fertigkeit, ähnlich wie Tennis spielen können, aber viel schwieriger. Wer heute Tennis spielen lernen will, wird ohne Trainer kaum die Bundesliga, geschweige denn die Weltspitze erreichen. Jeden Tag viele Stunden Übung unter der Anleitung und dem kritischen Blick eines guten Trainers sind nötig. Wie sollte das bei einem hoch komplexen psychophysischen System wie Tantra anders sein können? Hier wie dort werden Fehler gemacht, die der Schüler nicht erkennen kann, weil er es nicht besser weiß oder sich nicht selbst beobachten kann.

Eine ganz andere Sache ist es, einige grundlegende Techniken, wie die oben genannten, auszuprobieren, damit Erfahrungen zu sammeln und sein sexual-ekstatisches Erleben zu bereichern. Das geht natürlich, wir sind doch schließlich alle intelligente, kritische und feinfühlige Menschen.

15. Können homosexuelle Männer oder Frauen Tantra, Karezza und Sexualmagie betreiben?

Eindeutig: Ja! Schließlich hindert sie nichts daran, Orgasmen zu haben. Ein Einwand könnte lauten, dass Heterosexualität wegen der Polung notwendig ist. In der chinesischen sexuellen Alchemie gilt die Regel, dass Männer ihr Yang nur durch das Yin von Frauen verstärken können. Wenn wir aber von solchen religiösen Überzeugungen absehen – und das können wir, die Religionen widersprechen einander in allen relevanten Fragen – bleiben einzig Praktiken der Steigerung und Kontrolle von spiritueller Energie durch sexuelle Erregung. Diese sind aber sowohl homo- als auch heterosexuell, ja sogar allein erfolgreich durchführbar.

Selbst wenn es eine Wahrheit des Multiversums sein sollte, dass Mann und Frau verschieden gepolt sind und gegensätzliche Pole für bestimmte Praktiken wichtig sind, spricht dies noch nicht notwendig gegen homosexuelle Praktiken. Zum einen kann die eventuelle Notwendigkeit von Polung nicht für alle Praktiken gültig sein, dass zeigt die Erfahrung. Zum anderen ist bei homosexuellen

Paaren gewöhnlich eine Rollenverteilung gegeben, welche wohl auf einer psychisch unterschiedlichen Polung beruhen muss. Wenn man annimmt, dass die psychische Polung wichtiger ist als die physische Gestalt, dann wäre Homosexualität trotz notwendiger Polung kein Hindernis.

7. Unterweisung: Von den geheimen Techniken des Tantra

••••••••••••••••••••••••••••••••••

Der Sonnenaufgang ist der Beweis
für die Sonne.

Rumi

Tantra – der östliche Weg der Ekstase

Tantra – im Westen Sexualmagie genannt – ist eine Technik, mit der Ekstase erlernt und ausgelöst werden kann. Die Energien der Ekstase durchfluten das programmierte Gehirn so heftig, dass eingespielte synaptische Bahnen aufgelöst werden. Die Folge ist, dass vorübergehend Realitäts- und Orientierungsverluste auftreten, nach deren Schwinden eine weitgehend neue Welt entstanden ist. Das innere Modell der Welt wird dekomponiert-fließend. Aus der starren Struktur der Realität wird ein fließender Prozess multipler Möglichkeiten. Darauf beruhen die bewusstseinserweiternden und sogenannten magischen Wirkungen des Tantra. Tantra ist der Kundalini-Technik sehr ähnlich und wird auch oft mit dieser durcheinandergebracht. Der Unterschied zwischen beiden Techniken ist:

• Tantra arbeitet mit physiologischen Reizungen;
• Kundalini ist eine reine Meditationstechnik.

Das Ziel beider Techniken ist das Gleiche, sie erreichen es nur mit anderen Methoden. Tantra ist eine Ekstasetechnik – eine Technik, d. h. eine Fertigkeit, die erlernt werden kann. Es gibt keine religiös-weltanschaulichen Voraussetzungen oder Rahmenbedingungen. Die zu erlernenden Grundfertigkeiten teilen sich in:

• Körpertechniken
• Psychotechniken
• Praxis der Bewusstseinserweiterung
• Praxis der Realitätsveränderung

Erstere sind physiologische Grundfertigkeiten, welche als Voraussetzung anzusehen sind. Zu ihnen zählen die erforderliche Muskelkraft, Dehnbarkeit, Entspannbarkeit und Beherrschung des Körpers, um die sexuellen Techniken mühelos vollziehen zu können, und die Beherrschung der sexuellen Techniken. Ein psychischer Anteil ist nur insofern enthalten, als vorhandene Hemmungen im sexuellen Bereich transzendiert werden müssen.

Mit den Psychotechniken kommen wir in den eigentlichen Bereich des Tantra. Sie umfassen die Erzeugung und Steuerung der geeigneten Art und Stärke der sexuellen Energie (Ekstasetechniken), sowie ihre Kanalisierung. Auch die „Umkehrung der Sinne" genannte Übung ist hier angesiedelt. Die Praxis lehrt sodann Methoden, die erworbenen Fähigkeiten, Kenntnisse und Fertigkeiten effektiv einzusetzen. Es gibt eine grundlegende Unterteilung in:

• Visionstechniken und Vereinigungstechniken (z. B. Channeln, Liebe)

• psychische Interventionstechniken (Bewusstseinsveränderung) und

• materielle Interventionstechniken, z. B. Telekinese.

Ein Hinweis sei besonders hervorgehoben. Der Ausbildungsgang Tantra erfordert, dass du bereit bist, alle deine Vorurteile und Präferenzen im sexuellen und emotionalen Bereich in Frage zu stellen, dass du dich bedingungslos auf diese Ausbildung einlässt. Kompromisse verhindern Ergebnisse wirkungsvoll. Das wäre genauso, als wolltest du

Autofahren lernen, und würdest zur Bedingung stellen, dass du bestimmte Verkehrszeichen nicht beachten musst. Kein Fahrlehrer könnte diese Bedingung annehmen.

Im nächsten Kapitel behandeln wir die Vorbereitungsübungen und die Körpertechniken. Bevor mit den Vorbereitungsübungen begonnen wird, sollte eine grundlegende einfache Meditationstechnik (z. B. Mantram-Soft) beherrscht werden, und ein rudimentäres Körpergefühl erworben sein, wie es durch bioenergetische Übungen erlangt wird. Ohne diese Voraussetzungen wird es kaum möglich sein, ein Gefühl für die folgenden Übungen zu entwickeln.

Vorbereitungsübungen

Die Vorbereitungsübungen dienen folgenden Zwecken:

- Entwicklung der Genitalmuskulatur
- Beherrschung der Genitalmuskeln
- Lösung von Muskelverspannungen
- Förderung der Durchblutung des uro-genitalen Systems
- Steigerung der Sensitivität im Genitalbereich
- Mindert die Neigung zu Frigidität, Impotenz und verfrühter Ejakulation
- Gesteigerte Intensität des Orgasmus

Ein weiterer Effekt dieser Übungen ist die Entwicklung des Muladhara Chakra und die Entwicklung des Svadhistana Chakra.

Die Übungen entwickeln die Empfindungsfähigkeit des gesamten Genitalbereichs sehr stark. Da die genannten Chakren in diesem Bereich angesiedelt sind, werden sie von denen, die sie erwarten, als spezifische physiologische Sensationen wahrgenommen. Von Übenden, welche nicht mit der Chakralehre vertraut sind, werden abweichende Erfahrungen gemacht. Auf der hier behandelten Übungsebene der Vorbereitungs- und Körpertechniken sollten die Chakren nicht beachtet werden. Es würden sonst zwei Techniken miteinander in einer Art vermengt, die beiden abträglich ist. Soweit Übungen aus Traditionen übernommen wurden, haben wir, soweit sie nicht erheblich modifiziert wurden, die traditionelle Bezeichnung beibehalten - sozusagen als eine Art Urheberhinweis.

Der vitruvianische Mensch. Zeichnung von Leonardo da Vinci. Der vollkommene Mensch ist ein Ideal der Renaissance gewesen und auch das Ziel des Tantra. Gerade weil sie so unterschiedlich sind, lohnt es sich, Gemeinsamkeiten zu finden. Leonardos Mensch ist als lebendes Pentagramm entworfen, der Mikrokosmos, der in Harmonie mit dem Makrokosmos ist.

Reihenfolge und Häufigkeit der Übungen

• Mula Bandha: Mula heißt Wurzel, Bandha heißt Kontraktion oder Verschluss. Mula Bandha Techniken stärken die Muskulatur des Anus.
• Vajroli Mudra: Vajra heißt Donnerkeil oder Blitz. Mudra heißt ursprünglich Siegel und wird allgemeinverständlich als Geste übersetzt. Vajroli Mudra Techniken stärken die Muskeln der Genitalien.

Erste Woche jede Übung 20 mal täglich. Zweite und folgende Wochen werden pro Woche 10 Wiederholungen hinzugefügt, bis 60 Wiederholungen täglich erreicht sind.

Mula Bandha

Setze Dich ins Asana[1]. Richte Deine Aufmerksamkeit auf den Anus. Zur Hilfe, um den Anus genau zu lokalisieren, kannst du dich direkt auf einen Hacken setzen. Solltest du auch dann noch Probleme haben, so führe einen Finger ein und kneif den Schließmuskel einige Male zusammen.

Nun fülle die Lungen, etwa zur Hälfte, mit Luft und halte die Luft an. Experimentiere, ob du mit stärker oder auch ganz gefüllten Lungen bessere Ergebnisse erzielst. Ändere diesen Punkt dann entsprechend.

Kontrahiere den Analmuskel, so stark du kannst. Setze die Muskelkontraktion des Beckenbodens vom Anus nach vorn fort, bis du ein deutliches Zucken oder Ziehen in

---

1   Siehe Seite 67 ff.

den Schamlippen bzw. Hoden spürst. Kontrolliere, ob du gleichzeitig irgendwelche anderen Muskeln angespannt hast (Nacken, Oberschenkel?), entspanne diese, während du die Kontraktion des Beckenbodens beibehältst. Schnappe kurz nach Luft, sodass sich die Lunge bis zum Rand füllt. Jetzt entspanne die kontrahierten Muskeln und atme gleichzeitig langsam aus.

Vajroli Mudra

1. Vorbereitende Form

Vorbereitung: Trinke einen Liter Wasser - oder mehr - auf nüchternen Magen. Warte ca. 1 Stunde, bis du die Blase leerst. Übe dabei das Anhalten und Weiterfließenlassen des Harnstromes mindestens 10 mal - öfter ist natürlich besser. Diese Übung kannst du jedes Mal machen, wenn du auf die Toilette gehst. Lass sie insbesondere dann nicht aus, wenn du mal sehr dringend „musst".

2. Vollständige Form

Setze dich ins Asana. Richte deine Aufmerksamkeit auf den Harnröhrenschließmuskel. Das ist der Muskel, den du bei der Vorbereitungsübung kontrahieren musstest, um den Harn anzuhalten. Er befindet sich bei Frauen unterhalb der Klitoris und bei Männern am Ansatz des Lingam in Höhe des Schambeins. Fülle die Lunge wie oben.

Kontrahiere den Harnröhrenschließmuskel - genauso wie bei der Vorübung, wenn du den Harnfluss stoppst. Ziehe gleichzeitig den unteren Teil des Unterleibes nach oben - als wolltest du die Genitalien ins Becken saugen. Kontrolliere, dass du dabei keine weiteren Muskeln anspannst - wie oben. Wenn sexuelle Erregung aufkommt - hindere sie nicht. Immer schön frei fließen lassen.

Kontrahiere und entspanne, so oft du kannst, während des Atemanhaltens, aber immer eine kurze Zeit auf höchster Kontraktion halten. Dann schnappe kurz nach Luft und entspanne die kontrahierten Muskeln - wie oben.

Kontrollübung: Sie findet außerhalb der eigentlichen Übung statt. Frauen führen ein oder zwei Finger in die Yoni ein und führen Vajroli Mudra aus. Man sollte dabei spüren können, wie die Finger umklammert werden. Männer führen Vajroli Mudra vor dem Spiegel aus. Der Lingam muss sich bei jeder Kontraktion deutlich heben.

Diese Übungen werden dich eine ganze Weile begleiten, bis die Muskulatur kräftig genug ist.

Die Körpertechniken

Vor Beginn der Beschäftigung mit den Körpertechniken nimm dir ein Buch über Anatomie und informiere dich ausführlich über Aufbau, Funktion und Lage der primären und sekundären Geschlechtsorgane, sowie der erogenen Zonen. Körperliche Kräftigungs-, Dehnungs- und Entspannungsübungen fördern die Ergebnisse.

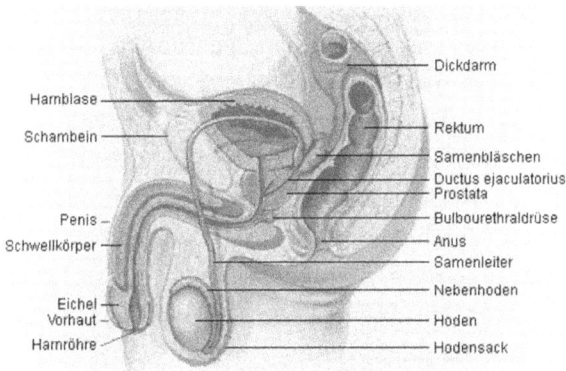

Harnblase — Dickdarm
Schambein — Rektum
Samenbläschen
Ductus ejaculatorius
Prostata
Penis — Bulbourethraldrüse
Schwellkörper — Anus
Samenleiter
Nebenhoden
Eichel —
Vorhaut — Hoden
Harnröhre — Hodensack

Entwicklung des magischen Lingam

Bei Techniken zu zweit bzw. Techniken, die sowohl allein
als auch zu zweit durchgeführt werden können, ist derjenige, dessen Lingam stimuliert wird mit (1), der Partner
mit (2) bezeichnet. Beachte, dass es bei allen Techniken, bei
denen nur ein Partner stimuliert wird, die einzige Aufgabe
des anderen ist, dies mit höchster Vollkommenheit - ohne
Störungen durch eigene Wünsche, Vorstellungen oder
Abneigungen - durchzuführen.

Der magische Lingam entsteht aus der Weiterentwicklung der Vajroli Mudra und Mula Bandha Techniken. Das
Endergebnis ist ein Lingam, dessen zugehörige Muskulatur
vollständig der bewussten Kontrolle unterliegt. Das beinhaltet Fähigkeiten, wie willkürliche Erektion und Erschlaf-
fung und Ejakulation, willkürliche, kontrollierte Auf-,
Ab- und Seitbewegungen des Lingam, sowie die Fähigkeit,
ihn zum Aufsaugen von Flüssigkeiten - in die Blase - zu

benutzen. Letzteres ist das vollständige Vajroli Mudra, welches erst in einer späteren Stufe gelehrt wird.

Die Vajroli-Mudra Übung wird in beiden Formen weitergeführt. Außerdem werden direkte Übungen der Auf-, Ab- und Seitwärtsbewegung des Lingam, insbesondere das Kreisenlassen, durchgeführt. Diese Übungen sollten vor einem Spiegel gemacht werden, um eine direkte Erfolgskontrolle zu haben. Die willkürliche Beherrschung der Erektion wird wie folgt geübt:

Begib dich in eine geeignete Ruhelage (Asana) und induziere einen leichten Trancezustand - z. B. durch Mantram-Meditation. Dann imaginiere ein Bild, welches dich normalerweise erregt. Möglicherweise findet jetzt schon eine Erektion statt, das brauchst du aber nicht zu beachten. Führe die Imagination weiter, bis sie sowohl visuelle, als auch auditive und kinästhetische Elemente in

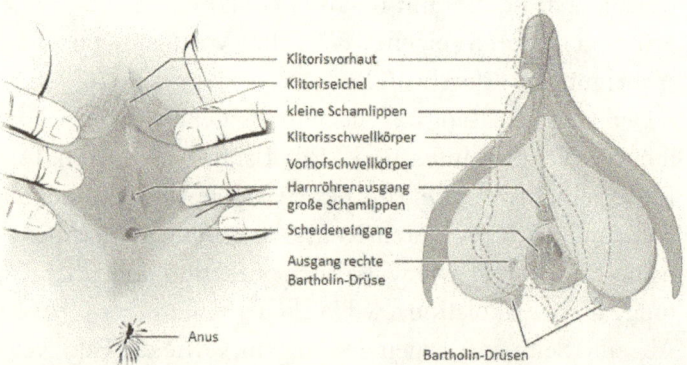

Klitorisvorhaut
Klitoriseichel
kleine Schamlippen
Klitorisschwellkörper
Vorhofschwellkörper
Harnröhrenausgang
große Schamlippen
Scheideneingang
Ausgang rechte
Bartholin-Drüse

Anus

Bartholin-Drüsen

Vulva: Sicht von außen und von vorn

Vulva: Sicht von innen und von vorn-seitlich

ausgewogenem Verhältnis enthält. Du kannst dabei einen ganzen Geschlechtsakt in einer dich erregenden Form mit einem entsprechenden Partner imaginieren. Wenn die Imagination alle Elemente enthält, der Lingam erigiert ist und du dich stark erregt fühlst, ist die Übung beendet.

Wenn du diese Übung beherrschst, d. h. jedes Mal leicht eine Erektion bekommst, gehst du dazu über, die Imaginationsphase zu verkürzen. Im Endstadium genügt es, wenn du - je nachdem, mit welcher Imagination du aufhörst - ein bestimmtes Bild oder Wort kurz imaginierst, um eine Erektion zu bekommen.

Die Zurücknahme der Erektion kann genauso geübt werden. Als Erweiterung kannst du z. B. deinen erigierten Lingam selbst erregen oder durch einen Partner erregen lassen. Bringe dabei die Erektion trotz andauernder Stimulierung zum Schwinden. Die Übung ist erfolgreich abgeschlossen, wenn du in der Lage bist, in einer beliebigen Situation den Lingam sofort und abwechselnd erigieren und erschlaffen zu lassen.

Erektionstechnik

Die folgenden Techniken sind bei Erektionsschwäche geeignet und vor allem nützlich, um sich an multiple Orgasmen zu gewöhnen. Direkt nach dem oder den Orgasmen, wenn der Lingam erschlafft ist, oder zu erschlaffen droht, werden sie eingesetzt, um wieder die volle Erektion zu erreichen. Die Techniken können auch nur verfeinert werden, wenn der Schwierigkeitsgrad höher wird, und das wird er, je mehr Orgasmen vorhergegangen sind. Die taktilen Techniken zur Herbeiführung der Erektion sind stufenweise aufgebaut. Korrekt ausgeführt wird mit der ersten Technik begonnen und so lange weitere stärkere Techniken angehängt, bis die Erektion erreicht ist. Die Erfahrung wird allerdings die meisten bald eine effektivere Abfolge erkennen lassen, welche bedenkenlos angewandt werden kann. Einige Techniken können nur zu zweit, bzw. von einem Partner ausgeführt werden. Diese können bei autoerotischen Betätigungen weggelassen werden.

Während der Ausübung der körperlichen Techniken kann der Übende entweder die an einigen Stellen angegebenen Imaginationen durchführen, oder eine Mantram Meditation machen, oder stimulierende Imaginationen ablaufen lassen, und - immer locker und gelassen bleiben. Effektivere Psychotechniken werden in der zweiten Stufe gelehrt.

Die folgende Beschreibung geht von einem Partner bei der Durchführung aus. Der Partner, dessen Lingam erigieren soll, wird als (1) bezeichnet, der Helfer als (2). Autoerotisch sind die Techniken entsprechend abzuwandeln.

1. Teil

(2) Umfasse mit dem rechten Zeigefinger und dem Daumen die Lingambasis, umfasse mit der linken Hand die Hoden und massiere sie sanft und langsam.

(1) Imaginiere den schlaffen Lingam einschließlich der leeren Blutgefäße. Kontrahiere die Muskeln an der Lingambasis.

(2) Drücke Daumen und Zeigefinger, welche die Lingambasis umfassen, zusammen, ziehe sie langsam mit Druck aufwärts bis zur Spitze, übe soviel Druck aus, dass die Finger nur langsam am Lingam entlanggleiten können.

(1) Halte die Muskeln an der Lingambasis kontrahiert - auch in der Imagination, und sieh, wie sich die leeren Blutgefäße füllen und der Lingam erigiert.

(1) Sobald du den Druck der Finger an der Basis spürst, kontrahierst du die Muskeln.

(2) Die Finger beginnen ihre Aufwärtsbewegung, wenn sie die Muskelkontraktion wahrnehmen.

(1) Die Muskelkontraktion soll die ganze Zeit, während die Finger am Lingam nach oben gleiten, anhalten.

(2) Wenn die Finger oben sind, lassen sie den Lingam los - fallen lassen und

(1) beendet die Kontraktion.

(2) Die Finger dürfen niemals von der Spitze zur Basis zurückgleiten.

(1) Entspanne dich kurz und achte dabei interessiert auf die Reaktionen, welche ausgelöst wurden.

Dieser Vorgang kann mehrere Male wiederholt werden.

2. Teil

(1) Nimm eine knieende Stellung ein, stütze dich auf den Ellenbogen ab, lass den Kopf auf den Unterarmen ruhen und spreize die Knie, soweit es bequem möglich ist.

Der weitere Vorgang ist der Gleiche wie oben. Diese Praxis wird als „Melken des Lingam (zur Erektion)" bezeichnet.

(2) Nachdem du am Anfang mit der linken Hand nur sanft die Hoden massiert hast, kannst du im weiteren Verlauf - insbesondere, wenn der Lingam zu wachsen beginnt - auch gelegentlich das Perinäum[2] und die rektalen Muskeln[3] massieren und auf diese Weise die Erregung steigern.

(2) Lege dich zum „Melken" unter (1), sodass deine Genitalien (1) direkten visuellen und taktilen Zugang bieten.

(1) Du kannst (2) jetzt nach Belieben betrachten, berühren, küssen, umfassen usw.

3. Teil

In der nächsten Steigerungsstufe wird die Stellung aus dem 2. Teil beibehalten.

---

2   Perinäum = Damm; der Bereich zwischen Anus und äußeren Genitalien. Beim Mann zwischen Anus und Hodensack; bei der Frau zwischen Anus und hinterem Schamspaltenwinkel.
3   Die rektalen Muskeln sind die Muskeln des Anus und der Bereich des Rektums (Enddarm).

(2) Umfasse die Lingambasis mit Zeigefinger und Daumen und nimm den Lingam so weit wie möglich in den Mund. Schließe die Lippen und sauge fest am Lingam. Während des Saugens melke weiter mit den Fingern, bis der saugende Mund vor den Fingern zurückgleitet und den Lingam loslässt.

(1) Setze die Muskelkontraktion nach Belieben ein.

(2) Massiere während des ganzen Vorgangs sanft Hoden, Perinäum und Analzone.

(1) In dieser Stellung kannst du dem Melken auch gut zuschauen, wenn du willst.

4. Teil

Eine weitere Möglichkeit, der Erektion nachzuhelfen, ist die Stimulierung der Prostatadrüse (siehe Analtechniken). Alle diese Techniken sollten auch als Stimulierungstechniken während des Aktes und zur schnellen Wiederholung der Erektion nach dem Orgasmus eingesetzt werden.

Masturbationstechnik

Beginne immer damit sicherzustellen, dass der ganze Körper beteiligt ist. Stimuliere z. B. die Lippen, die Brustwarzen usw. Als Nächstes vergewissere dich der Stärke der Erektion. Ist sie zu schwach, so wende das unter Erektionstechnik beschriebene Melken bei dir selbst an. Oft genügt es schon, zweimal oder dreimal zu melken, um die Erektion zur notwendigen Stärke zu bringen. Beachte, dass es nicht möglich ist, mit einem schlaffen oder zu weichen Lingam effektiv zu masturbieren.

Wenn die Erektion sehr stark ist, ist es oft besser, den Lingam etwas zu verkleinern, denn dadurch wird die Empfindlichkeit der Eichel verringert. Nimm dazu die Lingamspitze zwischen Daumen und Zeigefinger und drücke vorsichtig. Du wirst dann beobachten können, dass der Lingam sich verkleinert.

Während der Masturbation benutzt du eine Hand zur Reizung des Lingam und die andere für die Stimulation der Umgebung, für sanfte Massage der Hoden, des Damms und der Analmuskulatur - z. B. sanftes Eindringen und Massage von innen gegen die Schließmuskeln. Insbesondere am Anfang sollte auch die Stimulation der Brustwarzen nicht vernachlässigt werden. Beim Masturbieren mit Partner können all diese Bereiche (Hoden, Damm, rektale Öffnung, Brustwarzen) auch sehr erfolgreich mit Mund und Zunge stimuliert werden.

Die Stimulation des Lingam selbst ist im Wesentlichen auf 5 verschiedene Arten möglich, bei jeder von ihnen wird die Hand den Lingam auf- und abgeführt.

1. Mit der Faust um den Lingam wird die Vorhaut über die Eichel geschoben und wieder zurückgezogen.

2. Wie 1, jedoch mit Daumen und Zeigefinger (evtl. plus Mittelfinger). Entweder im Längs- (seitlich) oder im Krongriff (von oben).

3. Mit der Faust unterhalb der Eichel um den Schaft, wobei die Vorhaut nicht über die Eichel geschoben wird, sondern immer unterhalb der Eichel und straff gespannt

bleibt.

4. Wie 3, jedoch die Finger wie in 2.

5. Mit einem Gleitmittel und der Hand oder einem anderen Gegenstand. Z. B. mit Rasierschaum und Hand oder Pinsel, oder in ein Brot, in ein Stück Fleisch o. ä.

Nummer 1 vermittelt die intensivste Stimulation, Nummer 4 ist am subtilsten, manchmal aber auch Nummer 5. Die Meisterschaft zeigt sich in der Wahl der für den speziellen Anlass besten Methode, des richtigen Drucks, der richtigen Geschwindigkeit und der auf keinen Fall zu vernachlässigenden zusätzlichen Stimulierungen.

Oraltechniken

Orale Techniken können - außer bei Schlangenmenschen - nur zu zweit durchgeführt werden. Das erste Hindernis dabei ist eine mögliche Abneigung eines der Partner - auch wenn sie ziemlich selten ist. Abneigung gegen orale Techniken kann am besten überwunden werden, wenn nach einem (gemeinsamen) Bad erste orale Berührungsversuche unternommen werden - ohne den Anspruch, dass sie bis zum Orgasmus führen müssen. Dem Partner wird, ohne Ansprüche zu stellen, in einer durch die Badezeremonie explizit keimfreien Umgebung, die Möglichkeit gegeben, den Lingam als Spielgefährten kennenzulernen. Dieser Teil ist - wenn spielerisch gehandhabt - gewöhnlich recht problemlos. Eine weitere Schwierigkeit tritt oft bei der Ejakulation auf. Manche ekeln sich vor der schleimigen

Substanz, andere erleben wegen des „Strahls" einen Brech-reiz. Das letztere Problem lässt sich gewöhnlich durch eine leichte Veränderung der Kopf- oder Mundhaltung leicht beheben. Der Ekel kann langsam abgebaut werden. Zuerst wird das nicht oral gewonnene Sperma mit den Fingern berührt. Man macht sich mit der Konsistenz vertraut und kostet auch schon mal ein wenig. Hilfreich ist es oft, die Zusammensetzung des Spermas zu erläutern. Das sind die Bestandteile von Sperma:

- einige Millionen Spermien pro ml Sperma
- 90% Wasser
- Eiweiß
- Fett (bes. Fruktose)
- Lecithin
- Cholesterin
- Chloride, Phosphate

Dieser Teil kann ganz natürlich in einer Partnermasturba-tion durchgeführt werden. Es ist dabei fast unvermeidlich, mit Sperma in Berührung zu kommen und ein gemeinsa-mes „Verkosten" kann spielerisch erfolgen.

Das nächste Hindernis tritt fast immer auf: der Brechreiz, welcher ausgelöst wird, wenn der Lingam zu tief in den Mund (Rachen) genommen wird. Dieser Brechreiz ist ein natürlicher Reflex, welcher nur durch Übung überwun-den werden kann. Das Üben muss nicht beim Oralverkehr geschehen, es kann besser im Bad über dem Waschbecken mit einem Finger, der in den Rachen eingeführt wird, geübt werden. Die Technik ist ganz einfach. Der Finger wird soweit eingeführt, bis der Brechreiz sich ankündigt. Man muss die Stelle finden, wo man noch nicht würgen muss, aber den nahenden Brechreiz schon spürt. Wenn der Finger einige Zeit an diesem Punkt gehalten wird, lässt der Brechreiz nach und man kann ein Stück weitergehen. Der einzige Fehler, den man hier machen kann, ist, zu schnell vorzugehen.

Die meisten lösen das Problem, indem sie den Lingam nur bis in den vorderen Mundraum einführen. Aber das ist keine Lösung, sondern eine Umgehung des Problems. Sicher ist es auf dieser Anfangsstufe tantrisch nicht unbedingt notwendig, den Lingam „bis in die Speiseröhre" einzuführen, jedoch wird diese Technik später unbedingt benötigt. Zur Oraltechnik lässt sich, außer einigen Tipps, nicht viel sagen.

- Stimuliere mit der Zunge nicht nur den Lingam, sondern auch den gesamten umliegenden Bereich.
- Benutze intensiv die Lippen zum Stimulieren - insbesondere der Hoden und der Eichel.
- Benutze die Zähne ganz vorsichtig schabend, um gezielte Reize zu setzen.
- Sauge mit der Mundhöhle vorsichtig an den Hoden und intensiv an der Eichel.
- Beachte beim Stimulieren das Bändchen an der Unterseite der Eichel und die Ränder der Eichel.
- Unterstütze immer durch gezielten Einsatz der Hände, z. B. durch leichte Massage der Analgegend.
- Finde heraus, wie du am schnellsten einen Orgasmus erzwingen kannst.

- Übe dich in der Technik, den Partner lange Zeit kurz vor dem „Point of no return" zu halten. Du musst dabei sehr viel Sensitivität entwickeln, um diesen Punkt zu bemerken, und danach weder so intensiv zu stimulieren, dass die Ejakulation erfolgt, noch so sanft, dass die Spannung nachlässt.
- Benutze die Erektions- und Masturbationstechniken oral.
- Benutze die Verlängerungstechniken.

Das Wichtigste bei allen oralen Techniken ist: Achte genau auf die Reaktionen des anderen, benutze sie als Feedback für deine Stimulationen.

Verlängerungstechniken

Wenn du dich dem „Punkt ohne Rückkehr" näherkommen fühlst, also kurz vor der Ejakulation, drückst du die Spitze oder die Wurzel des Lingam einige Sekunden fest zusammen. Das hemmt den Reflex, der die Ejakulation auslöst. Das Zusammenpressen der Spitze geschieht so, dass du den Daumen auf das Vorhautbändchen legst und Zeige- und Mittelfinger auf die andere Seite. Dann drückst du die Eichelwulst einige Sekunden fest zusammen.

Das Zusammenpressen an der Wurzel geschieht, indem du mit dem Daumen kräftig auf den Rücken des Gliedansatzes und damit auf die Rückenarterie der Gliedhaut drückst. Zeige- und Mittelfinger dringen gleichzeitig an der Unterseite des Lingam, fast bis zum Anus vor, wo die Wurzel des Lingam liegt, und üben dort Druck aus.

Diese Techniken sind, selbst im letzten Moment ange-wandt, noch wirksam - natürlich nicht mehr, wenn es schon losgegangen ist. Obwohl gerade dann mittels dieser Technik interessante Effekte zu erzielen sind. Finde selbst heraus, welche.

Mit folgenden weiteren Techniken sollte experimen-tiert werden, sie müssen allerdings schon eher eingesetzt werden:

- Pranayama - Übungen
- Zunge fest gegen den Gaumen drücken und gleichzei-tig auf den Damm zwischen Anus und Lingam.
- Bei offenem Mund über die zurückgelegte Zunge Luft einsaugen.

Experimentiere mit diesen Techniken und fertige sorg-fältige Aufzeichnungen darüber in deinem eigenen Tage-buch „De Arte Regia" („Die königliche Kunst") an.

Entwicklung der magischen Yoni

Die magische Yoni entsteht aus der Weiterentwicklung der Vajroli Mudra und Mula Bandha Techniken. Das End-ergebnis ist eine Yoni, deren Muskeln gut entwickelt sind und deren Muskelkontraktionen vollständig kontrolliert werden können. Die magische Yoni ist eine der wesent-lichsten Voraussetzungen des Tantra, insbesondere ist sie für den vaginalen und den Gebärmutterhals-Orgasmus unverzichtbar. Eine gut entwickelte, magische Yoni ist so stark, dass ihre um den Lingam kontrahierten Muskeln die Ejakulation des Mannes verhindern können (vgl. Verlängerungstechniken - an der Spitze zusammendrücken), und dass der Mann den Lingam erst aus der Yoni herausziehen kann, wenn es die Frau durch Lockerung ihrer Muskeln erlaubt. Wem das unwahrscheinlich erscheint, der sei an den Vaginismus (unwillkürlicher Scheidenkrampf) erinnert, bei welchem solche Phänomene auftreten - bei ganz normal entwickelten Frauen, ohne Übung. Alles, was zur Entwicklung der magischen Yoni notwendig ist, ist Ausdauer und Übung.

Zur Entwicklung gehe wie folgt vor: Übe Vajroli Mudra mit dem Vorstellungsbild der Yoni als eines Tunnels oder einer Röhre, welche von Muskeln umgeben ist. Sieh, wie sich die Muskeln beim Kontrahieren zusammenziehen und der Tunnel oder die Röhre ganz eng wird. Sieh, wie sich die Muskeln beim Loslassen entspannen und der Tunnel/ die Röhre ganz weich und locker wird. Imaginiere auch die zugehörigen auditiven und kinästhetischen Phänomene. Achte ganz besonders darauf, dass du keine anderen Muskeln mit anspannst (besonders nicht Bauch- und Oberschenkelmuskeln). Versuche, die Kontraktion längere Zeit aufrechtzuerhalten.

Mache die gleiche Übung wie oben, aber mit einem Finger (ob du den eigenen Finger nimmst oder die Übung mit Partner machst, ist egal) in der Yoni. Umklammere den Finger zweimal, beim dritten Mal ziehe den Finger während der Umklammerung langsam aus der Yoni heraus, während diese versucht, ihn festzuhalten. Mache die Übung auch mit Partner. Wandle sie so ab, dass bei jedem dritten Satz nicht der Partner den Finger herauszieht, sondern du die Yoni vom Finger weghebst. Der Partner lässt seine Hand dabei locker hängen, versuche, sie hochzuheben. Statt des Fingers kann grundsätzlich auch ein anderer länglicher Gegenstand genommen werden, aber mit dem Finger kann der ausgeübte Druck besser beurteilt werden.

Mache die gleiche Übung, aber statt mit einem Finger mit dem Lingam. Übe zwei Formen. Bei der ersten befindet die Frau sich über dem Mann, kontrahiert zweimal, so fest, wie sie kann, und hebt beim dritten Mal - während sie so fest wie möglich kontrahiert - den Unterleib, als ob sie mit ihren Yoni-Muskeln den Mann am Lingam hochhebt. Bei der zweiten Form befindet sich der Mann oben. Bei jeder dritten Kontraktion zieht er den Lingam langsam aus der Yoni heraus, während die Frau ihn festzuhalten versucht.

Der vaginale Orgasmus - Entwicklungstechniken

Wir verstehen unter dem vaginalen Orgasmus einfach das Erreichen des Orgasmus ohne direkte Klitorisstimulierung. Ob die Klitoris nur nicht direkt stimuliert wird, ob sie durch irgendwelche Vibrationen, Spannungen oder sonstige Übertragungsvorgänge unmerklich doch stimuliert wird, braucht uns nicht zu interessieren, da es keinen Unterschied macht. Zum einen sind die Gefühle bei einem Vaginalorgasmus anders, als die bei einem Klitorisorgasmus, zum anderen wird diese Fähigkeit aus rein technischen Gründen benötigt. Der sogenannte Gebärmutterhalsorgasmus kann als Fortentwicklung des vaginalen Orgasmus angesehen werden und muss uns deshalb nicht gesondert beschäftigen.

Eines sei noch hervorgehoben: Ohne die Fähigkeit, einen vaginalen Orgasmus zu erlangen, sind wichtige sexualmagische Techniken nicht durchführbar. Jeder kann diese Fähigkeit durch Übung und Ausdauer erlangen, Voraussetzung ist die magische Yoni. Die Grundübung für die Entwicklung der Fähigkeit zum vaginalen Orgasmus ist folgende:

Der Mann legt sich auf den Rücken. Die Frau lässt sich hockend oder kniend, Gesicht zu den Füßen des Mannes, auf den Lingam nieder (Danchala Asana). Sie kommt allein durch Hüftbewegungen zum Orgasmus. Ihr einziges Hilfsmittel - um z. B. die Reibung zwischen den Wänden der Yoni und dem Lingam zu verstärken - sind starke und häufige Muskelkontraktionen, welche mit den Hüftbewegungen verbunden werden. Das Ziel ist es, einen beiderseitigen Orgasmus ohne Hüftbewegungen, nur mit Muskelkontraktionen zu erzielen.

In dieser Stellung entsprechen der Neigungswinkel des Lingam und der Yoni einander (Reibungsverlust), der Lingam kann beliebig tief eindringen, die Klitoris hat keinerlei Kontakt, ihre Reizung ist weitestgehend verhindert, die Frau kann die Bewegungen frei steuern und den gesamten Ablauf kontrollieren, Druck-Verlängerungstechniken (vgl. Verlängerungstechniken - Zusammenpressen an der Wurzel) können von ihr leicht angewandt werden, um die Übung lange genug durchführen zu können, ohne dass der Mann „schlappmacht".

Wenn sie am Anfang noch nicht durch Hüftbewegungen und Muskelkontraktionen allein zum Orgasmus gelangt, so kann sie ihre Klitoris mit den Fingern stimulieren. Wenn sie den Orgasmus kommen fühlt, soll sie mit dieser Stimulation aufhören und versuchen, nur mit Hüftbewegungen und Muskelkontraktionen zum Orgasmus zu gelangen. Wenn das Gefühl abflauen sollte, kann sie kurz die Stimulierung der Klitoris erneuern. Der Orgasmus sollte immer ohne Klitorisstimulierung stattfinden. Die Klitorisstimulierung kann auch vom Mann durchgeführt werden, dazu ist jedoch eine sehr feine Abstimmung zwischen den Partnern und sehr viel Geschick des Mannes erforderlich. Die Selbststimulierung ist gewöhnlich günstiger, aber das ganze sollte pragmatisch gesehen werden.

Eine andere mögliche Stellung ist das Gajasava Asana, bei welchem die Frau ausgestreckt, mit gespreizten Beinen auf dem Bauch liegt, die Hüften leicht angehoben (evtl. ein Kissen darunter). Der Mann führt den Lingam von hinten in die Yoni ein, er stützt sich auf Knie und Hände, sodass sein Gewicht nicht auf der Frau liegt und diese sich frei bewegen kann. Diese Stellung ist für die Frau zwar nicht so anstrengend, gewährt ihr aber, falls Probleme auftreten, auch nicht so viele Variationsmöglichkeiten. In fortgeschrittenem Stadium ist gerade die Einschränkung der Möglichkeiten ein Vorzug dieser Stellung. Der Mann muss sich allerdings völlig passiv verhalten. Da die

Bewegungsmöglichkeiten der Frau stark eingeschränkt sind, können Beckenbewegungen nur in geringerem Umfang helfen, und die Frau muss sich mehr, als bei anderen Stellungen, auf die Vaginalmuskeln verlassen.

Masturbationstechnik

Außer bei einigen Spezialtechniken ist es immer wichtig, darauf zu achten, dass der ganze Körper beteiligt ist. Dies wird durch entsprechende Stimulation der erogenen Zonen erreicht. Die - sexualmagisch gesehen - höchste Technik der autoerotischen Masturbation geschieht einzig und allein durch die Kontraktion der Yonimuskeln. Auf diese Art kann überall und jederzeit ein Orgasmus herbeigeführt werden (vgl. der vaginale Orgasmus), entweder allein, oder auch beim Koitus, bei welchem die Frau, völlig unabhängig von den Aktionen des Mannes, den Zeitpunkt ihres Orgasmus selbst bestimmen kann.

Die gröberen Masturbationstechniken hängen in ihrer Wirksamkeit immer von der Empfindsamkeit der Frau ab. Ob z. B. die Klitoris direkt stimuliert wird, ob die Stimulation indirekt durch ziehende Bewegungen an den Schamlippen oder dem Venusberg geschieht oder durch Hin- und Herbewegen der Finger in der Yoni, muss immer nach den Reaktionen der Frau entschieden werden. Am besten ist es gewöhnlich, mit indirekteren Techniken zu beginnen und, während man zu direkteren Techniken übergeht, die Reaktionen genau zu beobachten.

Die möglichen Zusatzstimulierungen sind, bis auf einige Besonderheiten, die gleichen, wie beim Mann. Stimulierung der Brüste, Massage des Perinäums und der Analmuskulatur, sowie der Innenseite der Oberschenkel und des Venushügels sollten immer einbezogen werden. Die Stimulationstechniken sind im Folgenden, beginnend mit den feineren, indirekten, aufsteigend zu den gröberen, direkten angeordnet.

1. Massage des Venushügels (hauptsächlich auf und ab).
2. Zusammenpressende Massage der großen Schamlippen von außen in Höhe der Klitoris.
3. Mit einem Finger, evtl. mit dem flachen Fingernagel, die Spalte, leicht eindringend, auf und ab fahren.
4. Am obersten Ende der Yoni mit einem Finger das Innere der Yoni hin- und herbewegen, Hand dabei auf dem Venushügel.
5. Mit einem Finger vor und einem hinter der Klitoris diese so dehnen, dass sie hervorschaut.
6. Mit einem oder mehreren Fingern eindringen, hin und her oder kreisende Bewegungen, das Innere erkunden.
7. Mit einem Gegenstand (lang, rund) in der Yoni.
8. Mit der Hand auf dem Venushügel diesen hin und her bewegen, dabei den Mittelfinger in der Yoni - Klitoris und Eingang stimulierend.
9. Mit den Daumen die Schamlippen auseinanderhalten und mit den Zeigefingern die Klitoris seitlich stimulieren.
10. Leichtes Klopfen mit einem oder mehreren Fingern

auf die Klitoris.

11. Mit sauberen, weichen und abgerundeten Finger-
    nägeln sanft Muster auf Schamlippen und Klitoris
    ziehen.
12. Vibrierend auf die Klitoris drücken.
13. Den Zeigefinger auf die Klitoris legen, kreisend oder
    hin und her bewegen, vorher den Finger evtl. etwas
    anfeuchten.

Diese Techniken können natürlich auch kombiniert
werden. Die Reihenfolge sollte ansteigende Intensität
der Stimulierung zeigen, das trifft jedoch nicht immer zu,
Frauen reagieren sehr viel unterschiedlicher als Männer.
Meisterschaft zeigt sich darin, dass die für den speziellen
Fall besten Techniken in der richtigen Reihenfolge, mit
dem richtigen Druck und in der richtigen Geschwindigkeit ausgeführt werden.

Oral

Abneigungen eines Partners können in einer spieleri-
schen Umgebung erkundet und überwunden werden.
Wir hatten das Thema weiter oben schon besprochen. Zur
Technik lässt sich außer einigen Tipps nicht viel sagen:
• Stimuliere mit der Zunge nicht nur die Yoni, sondern
  auch den gesamten umliegenden Bereich.
• Stimuliere nicht nur die Klitoris, sondern die gesamte
  Yoni.
• Benutze intensiv die Lippen zum Stimulieren

- insbesondere der Klitoris und der Schamlippen.
- Benutze die Zähne ganz vorsichtig schabend, um gezielte Reize zu setzen.
- Sauge mit der Mundhöhle vorsichtig an der Klitoris und intensiver an den anderen Bereichen.
- Führe die Zunge ein.
- Unterstütze immer durch gezielten Einsatz der Hände, z. B. durch leichte Massage der Analgegend.
- Finde heraus, wie du am schnellsten einen Orgasmus erzwingen kannst.
- Übe dich in der Technik, den Partner lange Zeit kurz vor dem „Point of no return" zu halten. Du musst dabei sehr viel Sensitivität entwickeln, um diesen Punkt zu bemerken und danach weder so intensiv zu stimulieren, dass der Orgasmus erfolgt, noch so sanft, dass die Spannung nachlässt.
- Benutze die Masturbationstechniken oral.

Das Wichtigste bei allen oralen Techniken ist: Achte genau auf die Reaktionen des Partners, benutze seine bzw. ihre Reaktionen als Feedback für deine Stimulationen. Das kann nicht oft genug gesagt werden, denn es wird trotzdem immer wieder vergessen.

Analtechniken

Die anale Stimulierung kann bei Mann und Frau gleichermaßen zum Orgasmus führen. Der Anus ist, wenn die anerzogene Abneigung erst einmal überwunden ist, eine sehr erogene Zone, von welcher ausgehend sich die Erregung über den gesamten übrigen Beckenbereich auszudehnen vermag.

Am Beginn der Erfahrungen mit Analtechniken sollte das Einführen des Lingam unterbleiben. Zuerst müssen positive Erfahrungen aufgebaut und die typische Verkrampfung der rektalen Muskulatur gelockert werden. Die ersten Stimulierungen erfolgen deshalb mit den Fingern und/oder oral.

Stimulierungen mit den Fingern erfolgen durch sanftes Eindringen und Herausziehen, durch Massage der Innenseiten des Anus, und bei Männern sehr wirkungsvoll durch tiefes Eindringen und Massage der Prostata (ca. eine Fingerlänge im Inneren zu erfühlen).

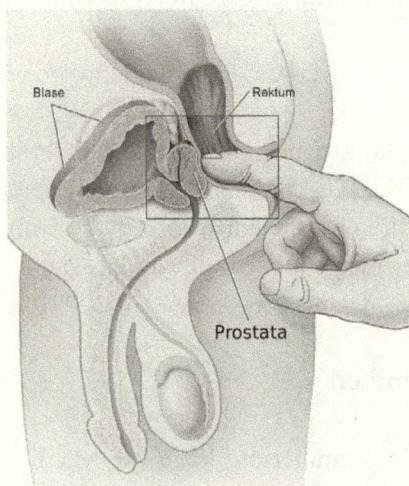

Lage der Prostata

Beginne damit, die Hinterbacken zu teilen und mit langen, gleichmäßigen Strichen durch den Spalt zu fahren. Dann übe langsam immer wieder einmal Druck auf die Analmuskeln selbst aus. Mache dies mit einer kreisenden Bewegung, die sich immer mehr dem Zentrum nähert. Wenn die Muskeln anfangen, sich zu entspannen, dringe langsam ins Rektum ein. Halte nach dem Eindringen einige Augenblicke still, damit der andere sich an das Gefühl gewöhnen kann. Schnelligkeit und Druckausübung

richten sich bei diesem Vorgang nach der Anspannung oder Entspannung der rektalen Muskeln.

Orale Stimulierung des Hüftbereichs und der Analzone (Anilingus) beschleunigt den Vorgang erheblich, sie ist mit sehr intensiven Lustgefühlen verbunden. Wenn der passive Partner Schwierigkeiten hat, seine rektalen Muskeln zu entspannen, so kann er nach außen pressen - wie beim Stuhlgang. Das entspannt die Muskulatur und erleichtert das Eindringen. Nach dem Eindringen, wenn du immer tiefer gehst, oder auch leicht rein und wieder etwas raus, entspannen sich die Muskeln wegen der sich einstellenden Lust ziemlich schnell.

Etwa eine Fingerlänge innerhalb des Rektums des Mannes ist eine Stelle zu finden, die sich anders anfühlt als die restlichen Rektumwände, welche glatt, fast hart sind. An dieser Stelle befindet sich die Prostatadrüse, die sehr empfindsam ist. Ihre Stimulierung erzeugt nicht nur intensive Lustgefühle, sondern fördert auch die Erektion.

Gleitmittel wie Vaseline etc. sollten nur, wenn unbedingt notwendig, verwendet werden. Bei einiger Erfahrung und Gewöhnung wird, nach geeigneter Vorstimulierung, bei den meisten Menschen auch das Rektum feucht genug sein, um ohne zusätzliche Gleitmittel auszukommen. Das Eindringen sollte jedoch immer sehr vorsichtig und langsam erfolgen, um Verletzungen zu vermeiden.

Bei jeder Analtechnik ist zu beachten, dass - wegen der Bakterienübertragung - weder ein Finger noch der Lingam, nachdem er im Rektum war, direkt mit der Yoni in Kontakt gebracht werden darf.

Die Analtechniken sind sehr wichtig. Sie haben unter anderem eine direkte Beziehung zu den Erweckungstechniken des Muladhara Chakra. Analtechniken müssen deshalb genauso vollkommen beherrscht werden wie alle anderen.

Nachwort

Mit der vorliegenden Neuauflage können wir dir und allen magisch interessierten Lesern endlich wieder einen Klassiker zugänglich machen. Wir im MultiWelt Verlag schließen damit eine Lücke im Buchmarkt, die uns schon länger umtreibt. Es gibt dutzende Bücher über Magie, hunderte zum Thema Tantra - und die Sexualratgeber sind Legion. Mir ist aber kein Buch bekannt[1], dass Sexualität als menschliche Grundkraft übersetzt *und* für die grenzenlose Entwicklung der Seele nutzbar macht. Kein anderes Buch, wo um der großen Perspektiven willen der nüchtern-sachliche Blick und die deskriptive Sprache beibehalten werden und wo Gefühle nur festgestellt werden (als Ausdruck von Energie), ohne dass der Autor anrät, sich mit ihnen zu identifizieren. Lax gesagt: Das Buch leitet an, sich selbst durchs Mikroskop zu betrachten, mit einem Auge auf dem Partner, einer Hand zur Kontrolle des Atems und der anderen Hand zwischen den Beinen.

Warum sollte jemand das tun? Warum sollte jemand die Lust verzögern und die Welle der Energie lenken, statt einfach einzutauchen, sobald da überhaupt etwas plätschert? Das tut nur jemand, der Größeres im Blick hat, jemand, der die tantrische Identifikation mit der Gottheit ernst nimmt bzw. die thelemische Prämisse des „homo est deus" angenommen hat. Für alle anderen ist das - vermute ich - eher eine Zumutung und außerdem viel zu anstrengend. Tantra gibt's doch auch auf DVD oder als Wochenendkurs.

---

1 * mit Ausnahme einiger thelemischer Titel und älterer tantrischer Literatur

Das Interesse an den „Geheimen Sexualmagischen Unter-
weisungen²" zeigte in früheren Jahren, dass es doch eine
erstaunliche Zahl von Leser(inne)n gibt, die bereit sind,
Sexualität als Mittel anzunehmen, um zur Sexualmagie
zu gelangen. Dabei verstehen wir Sexualmagie als die
Schnellstraße zu allen Erlangungen, die die magische Tradition kennt.

Jetzt ist das Buch wieder im Handel, doch es ist ein anderes Buch als im Jahr 1984. Einiges hat sich inhaltlich verän-
dert: Texte von Crowley sind derzeit nicht enthalten. Der
Rechteinhaber kann sich die zweifelhafte Ehre anrechnen,
die Publikation von Crowley-Literatur im englischen und
deutschen Sprachraum schon über ein Jahrzehnt unterdrückt oder unsäglich erschwert zu haben. Dafür sind
in dieser Ausgabe Texte aufgenommen, die später als die
„Sexualmagischen Unterweisungen" geschrieben wurden.
Sie gehen auf die Tantra-Tradition näher ein und können
den Lesern genauere Übungsanleitungen geben. Davon
abgesehen ... es sind über 30 Jahre vergangen und ich will
mit einigen groben Strichen die Situation Anfang der 80er
Jahre zeichnen. Viele unserer heutigen Leser wissen nichts
darüber. Doch da ich einleitend das Buch als Klassiker vorgestellt habe, möchte ich diesen Anspruch erläutern.

Der 1. Berliner Sexshop

Ende der 1970er Jahre öffnete auf dem Kurfürstendamm
der erste Berliner Sexshop seine Türen. Stolzer Inhaber

---

2   so der Titel der 1984er Ausgabe

war Michael D. Eschner. Der Laden lief gut: Dildos aller Art, extravagante Wäsche für Sie und Ihn, die mehr zeigt als verdeckt, Sexspielzeug aus quietschigem Plastik, kühlem Metall oder derbem Leder, Illustrierte (zum Teil fremd-sprachig - aber das ist auch egal), und natürlich Filme für Zuhause auf VHS. VHS, der neueste Schrei und ganz neu auf dem deutschen Markt. Eine E-180 Kassette mit drei Stunden Laufzeit kostet als Leerkassette über 40 DM. Mike hat einen fantastischen Verkäufer, der jeden Artikel kennt und den Kunden ihre Wünsche von den Augen abliest; dass er die Ware auch zu verkaufen weiß und die Kunden reich bepackt gehen, versteht sich. Noch Jahre später spricht er bewundernd in den höchsten Tönen von ihm.

Der Ku'damm - Berlins Prachtstraße bei Nacht. Aufnahme von 1982

Aber ein Sexshop auf dem Ku'damm hat auch andere
Seiten. Zur regulären Ladenöffnungszeit kommen die
Schutzgelderpresser. Was tun? Einer der Angestellten
schlägt vor, die beim nächsten Mal mit gezogenem Messer
zu empfangen. Mike verwirft den Vorschlag. Denn gegen
das Messer werden sich die Kriminellen mit einer Pistole
wappnen, es wird ein Kreislauf der Gewalt. Mike verkauft
kurz darauf schweren Herzens den Laden, bevor die Aus-
einandersetzungen eskalieren.

AIDS

Am 1. Dezember 1981 wurde AIDS als Krankheit offi-
ziell erwähnt. Wie ein Damoklesschwert schwebte die
Immunschwächekrankheit über den westlichen Ländern
und machte die sexuelle Befreiung fraglich, die zum großen
Teil darin bestand (ist das heute anders?), dass jede/r mit
jedem kann. Ich erinnere mich noch, wie AIDS in meiner
Schulzeit vorgestellt wurde: Typisches Problem des deka-
denten Westens, der in den letzten Zügen liegt, der Sozia-
lismus schützt seine Bürger vor solchen Gefahren. Wie gut
doch dichte Grenzen sind!
Anfang der 80er Jahre gründete Eschner in Berlin die
Abtei A.A. Thelema, ein gemeinsames Haus wurde ange-
mietet. Die Berliner Abtei Thelema hatte einen Ruf sexueller Freizügigkeit; Gelegenheitsbesucher erzählten dies,
andere hörten jenes, Zeitungsberichte wurden gern mit
Nacktaufnahmen aus der „Abbey" geschmückt und die
wütenden Kampagnen der Sektenpfarrer lebten unter der

Überschrift „Thelema" ihre düsteren Fantasien aus. Sie kriminalisierten ernsthaft strebende und neugierige Menschen durch die Projektion der eigenen inneren Fäulnis. Natürlich war AIDS ein Thema. „Ich bin der Meinung, man entscheidet selbst darüber, welche Krankheiten man hat", sagte Mike in einem Interview Ende der 80er Jahre[3] und führt dazu weiter aus: „... wer das Problem hat, sollte mit Sex sehr vorsichtig sein, damit er sich nicht Aids zuzieht. Wer aber das Problem nicht hat, nun, den betrifft es nicht. Ich werde von Gruppen, zum Beispiel in Berlin, immer wieder gefragt: ‚Was sollen wir jetzt machen mit/ gegen Aids?' Denen sage ich, dass sie selbst wissen müssen, wie und ob sie mit ihren Krankheiten umgehen können. Wenn sie meinen, sie seien fit genug, mit allem fertig zu werden, dann kann es ein gutes Training sein, sich Aids zu holen - und vielleicht war dies dann eine falsche Entscheidung. ... Ich denke, bevor man sich auf Aids einlässt, sollte man sich vielleicht bei einigen einfacheren Virenkrankheiten vergewissert haben, wie weit man ist." - Für manche Menschen klingen diese Überlegungen schwer nachvollziehbar, vermute ich. Aber die Gesetze der magischen Entsprechung (Wie oben so unten und wie unten, so oben) von Hermes Trismegistos bis Paracelsus sagen genau dasselbe. Außerdem zeigt das Zitat deutlich die Vorstellung von der Eigenverantwortung jedes Menschen für sich selbst. Die Forderung nach Verantwortung (Freiheit ist anders nicht möglich) drückte Mike häufig kompromisslos aus und damit polarisierte er seine Zuhörer/ Leser.

---

3   taz Interview vom 26.10.1988

„Die Achtziger ducken sich vor mir erniedrigt"

Der Kalte Krieg hatte zum atomaren Wettrüsten der beiden Großmächte geführt. Waffen mit so unglaublichem Vernichtungspotential wurden angehäuft, dass mit denen die Erde mehrmals pulverisiert werden konnte. Die Bedrohung war so gigantisch groß, dass sie sich der Vorstellung entzog. Und dieses Wettrüsten wurde organisiert

von Menschen, die nach einer guten Ausbildung eine gute Stelle antraten und Karriere machten, sich um ihre Familie kümmerten und ihr Leben nach allgemein üblichen Wertmaßstäben „gut" führten. Doch diese sogenannte Normalität war der Motor zur Vernichtung der Welt.

Dem 68er Revoluzzer war seine gesellschaftliche Verantwortung bewusst, auch wenn er die Politik (APO) für die Spiritualität (Magick!) scheinbar aufgegeben hatte. Im Vorwort schreibt er: „Das Liber L vel Legis verneint so die Macht, welche die Bürokraten der Atombombe über uns alle ausüben. (...) Magie ist eine Macht, die jeder Mensch erwerben kann. Der Macht anonymer Bürokratien wird die Macht des Individuums gegenübergestellt. Die Verbreitung der Magie impliziert deshalb die Verbreitung von Freiheit." Besonders vor der Publikation dieses Buches hatte Mike sich mit den Kritiken auseinandergesetzt, dass dieses Wissen geheim bleiben soll, um nicht missbraucht zu werden. Er hat sich wegen der globalen Bedrohung und der Verantwortung jedes Thelemiten für die Menschheit letztlich gegen die Geheimhaltung und für die Veröffentlichung entschieden.

Es ist bekannt, dass 1989 der Eiserne Vorhang fiel. Die Perestroika in der Sowjetunion begann 1985 und sie war die notwendige Vorbereitung für den Zusammenbruch des Ostblocks. Es gibt Gerüchte, dass diese Vorgänge auf der großen Weltbühne durch Operationen eines magischen Ordens in Deutschland beeinflusst wurden.

Die Inquisition heute

Die Inquisition gab es nicht nur in vergangenen dunklen Zeiten, sondern auch heute. Sie tut, was sie kann, um die Gegenwart ebenso zu verdunkeln, wie sie das früher tat - denn nur die ängstliche dumpfe Herde gehorcht dem Schäfer. „Das also ist das Menschenbild Luthers: Der Mensch ist gar nichts, ist eine Marionette an der Schnur Gottes oder des Satans, ist ein Reittier, total abhängig von dem Willen seines Reiters. Eine Entscheidungsfähigkeit darüber, ob er von Gott oder von Satan geritten werden möchte, kommt dem Menschen nicht zu. Dem Bösen wie aber auch dem Guten gegenüber ist der Mensch völlig entscheidungsunfähig."[4] Hier spätestens werden die Sektenbeauftragten schizophren: Denn kein Mensch kann etwas dafür, ob Satan oder Gott (oder wer sonst) ihn lenkt - das gibt das eigene Dogma vor. Also wieso die arrogante Jagd auf zu „rettende Seelen"? Wer annimmt, der Mensch sei ab und an *doch* verantwortlich, ist kein lutherischer Christ mehr. Und wer meint, da lese man Luther zu streng, der kann die eigene Willkür nicht mehr eindämmen, denn er hat sein einziges Fundament im Glauben preisgegeben.

Die Inquisitoren der EKD boten jedenfalls alles auf, um die Abtei in Berlin zu zerschlagen, die Thelemiten (fürs Erste wenigstens) psychisch und sozial zu bekämpfen. Doch die lancierten Presseartikel reichten nicht. Es reichte nicht, dass sie sich als Experten freier, das heißt nichtkirchlicher, nicht routiniert organisierter und subventionierter

---

4 Hubertus Mynarek, Die neue Inquisition, S. 200

Einige Zeitungsartikel der 80er Jahre: mit Thelema werden Ängste geschürt.

Spiritualität ausgaben. Gerade die Angestellten der Luther-
kirche! Es reichte nicht, dass sie sich als Experten ausgaben auf gerade dem Gebiet, mit sie am allerwenigsten zu
tun hatten. Und als das nicht reichte und es ihnen auffiel,
da drangsalierten sie mit ihren Horror-Geschichten den
Innensenator und eines Morgens stürmte ein Sonder-
einsatzkommando die Abbey. Alle in schwarzen Kampf-
anzügen, Maschinenpistolen im Anschlag, als ob sie ein
Terroristenlager stürmen. Sie suchten die Gefangenen der
Thelemiten, die hier in der Abbey festgehalten und gefol-
tert werden (so wurde die Polizei „informiert"). Man fand
nichts dergleichen. Der Einsatzleiter hatte so viel Anstand,
dass er sich beim Abrücken peinlich berührt entschuldigte.

Den Inquisitoren kann so eine menschliche Reaktion
nicht unterlaufen, denn ihre kranke Logik ist anders. Nichts

gefunden? Also sind die Opfer kurz vorher aufgefressen worden - ist doch klar! Man muss einfach weitermachen und weiter und weiter. Von Bagatellen, wie Fakten sie darstellen, darf man sich nicht beeindrucken lassen, wenn man den wahren Glauben verbreitet.

Die Urkräfte der Welt

Auch das ist ein Aspekt, den man sehen muss, um dieses Buch zu verstehen. Sexualität ist die Urkraft der Menschen. Magie ist der Weg zu grenzenloser Freiheit, die kein Bürokrat und kein Gesetz begrenzt. Wenn jemand diese beiden archaischen Pole zusammenführt, dann ist das einerseits die Schnellstraße („mit Sexualmagie kannst du in einem Jahr alles erreichen, wozu die rituelle Magie Jahre benötigt") und andererseits der Abgrund zur Hölle. Manche Menschen reagieren auf das eine, manche auf das andere, keiner kann neutral bleiben. Nuit stellt sich im Liber Legis vor mit den Worten: „Ich bin geteilt um der Liebe willen, für die Möglichkeit der Vereinigung." Die Vereinigung mit dem Göttlichen, von der Nuit spricht, ist möglich, aber kein automatischer Vorgang. Jeder Mensch kann diese Möglichkeit realisieren - oder er tut es nicht. Die Vereinigung mit dem Göttlichen ist kein Gnadenakt, sondern menschliche Tat. Hierin gleichen sich das „Liber L vel Legis" und die tantrische Tradition.

Im Vorwort dieses Buches stellt Mike unumwunden fest: „Es gibt jedoch für jeden Menschen heutzutage nur zwei Möglichkeiten; entweder, sich weiterhin in das Leichentuch des Christentums zu hüllen, oder in Freiheit der Sonne entgegen zu streben. Und um ein christliches Gleichnis zu verwenden: Auch David gewann seinen Kampf gegen Goliath."

Das Gleichnis drückt die Kräfteverhältnisse gut aus. Um sich nicht in der nach außen gerichteten Arbeit zu verzetteln, siedelte der größte Teil der thelemischen Gemeinschaft bald nach 1984 ins Wendland um. Der Verein löste sich auf, das internationale Netzwerk Thelema entstand, aber das ist eine andere Geschichte.

Jetzt weißt du etwas mehr über das Buch und wie es zustande kam und wobei es helfen kann. Ich wünsche viel Erfolg und freudige Ekstase!

Knut Gierdahl

Über den Autor
Michael D. Eschner

Michael D. Eschner (1949 - 2007) war ein deutscher Thelemit, spiritueller Lehrer und Autor. Er ist eine Ausnahmeerscheinung in der spirituellen Welt. Er schreibt über Thelema, das Neue Zeitalter und den Thelemiten als paradigmatischen neuen Menschen. Niemand vor ihm hat Philosophie, Magie, Persönlichkeitsentwicklung und praktische Bewusstseinsveränderung (Yoga, Schamanismus, Bioenergetik, Drogen, Meditation) zusammengedacht und damit experimentiert. Bekannt wurde er in den frühen 80er Jahren als Herausgeber und Übersetzer von Büchern Aleister Crowleys. Unter seinen Frühwerken sind besonders zu nennen

1. Das „Liber L vel Legis" („Buch des Gesetzes"). Es war sein erstes Buch und in der Übersetzung spiegelt sich die Auseinandersetzung mit dem Heiligen Buch, wie auch selbstbewusster Eigensinn. Er verstand es mehr als Neudichtung denn als wortgetreue Übersetzung. Das ist ein auffälliger Unterschied zu anderen Liber Legis Übersetzungen, die die richtige Übersetzung im Wörterbuch finden. Wir können die Frage zuspitzen: Soll man das Gesetz Thelema neudichten (was für jede Sprache und Zeit gelten würde) oder brav Wort für Wort übertragen? Die provokante Frage dürfte hier leicht zu beantworten sein und zeigt beispielhaft Eschners Verständnis des anzustrebenden Verhältnisses von Tradition und Innovation.

2. Die „Sexualmagischen Unterweisungen". Die magische Ausbildung in der Abtei Thelema in Berlin folgte den Schwerpunkten dieses Buches.

Außer Büchern schrieb er einige dutzend Kurse für den Unterricht in den Thelema Gruppen, wobei immer der ganze Mensch im Mittelpunkt stand. Zum besseren Verständnis eignet sich Pestalozzis Konzept der Gleichrangigkeit von Kopf, Herz und Hand:
• Kopf: Philosophie, Ethik, Sinn des Lebens, Geschichte
• Herz: Meditation, Rituale, Kommunikation
• Hand: Körperarbeit, Kunst und Handwerk

Das Ziel der Schriften war der Neue Mensch, der Thelemit als der Schöpfer seines Lebens. Michael Eschner wusste sich als Prophet des Horus Äons. Schreiben - für die öffentliche Leserschaft oder die Gruppenmitglieder - war eine Form, wie er das Amt des Propheten ausübte. „Thelemit" und der Weg „Thelema" war für Eschner kein Glaubenssystem und auch keine „Neue Religion(sbewegung)", sondern sind als „Formale Anzeige" (M. Heidegger/ K.M. Stünckel) zu verstehen. Einzelheiten ebd.; Kurz gesagt: Die begrifflichen Etiketten sind nicht das Wesentliche, sondern sie verweisen auf Ideen. Und diese Ideen - wie die der Gnosis, von Erleuchtung, vom Überwinden der Tunnelrealität - sind nicht verbal zu vermitteln, sondern nur im Tun zu erfahren. Nur durch eigene Erfahrung kann ein Mensch sich verwandeln - einerseits. Andererseits steht die bis jetzt gewachsene Persönlichkeit dem im Wege. Darum war Ausbildung für Eschner so wichtig, dass er „Ausbildung (als) die Fortsetzung der Aufklärung" bezeichnete. Und nur im Gesamtzusammenhang von Theorie und Praxis oder auch von Kopf, Herz und Hand ist der Autor Michael Eschner verständlich.

Bildnachweise

Der Verlag dankt den folgenden Künstlern, Agenturen und Fotografen für die Bereitstellung von Illustrationen für dieses Buch:

Umschlagbild: corbis_infinite - Fotolia. Innenteil: S.13 Rama; S.18 © adimas - Fotolia; S.20 © Igor Korionov - Fotolia; S.28 © dvarg - Fotolia, S. 31 © kudryshanna - Fotolia; S.37 © Sergiy Serdyuk - Fotolia; S.41 © lassedesignen – Fotolia; S.44 © focus - Fotolia; S.88 Wellcome Library, London. Internet: wellcomeimages.org; S.91 © Lava Lova - Fotolia S.93 Stougard; S.108 © Frederik Muller, London; Samuel Weiser, New York S.111 Stephae Tougard; S.163 Lennert B; S.164 CNX Anatomy; S.184 Adert; S.187 © Zeabi - Fotolia; S. 190 Willy Pragher

Alle übrigen Bilder stammen aus dem Verlagsarchiv. Wir haben uns bemüht, alle Fotografen bzw. Urheber zu nennen, die zu diesem Buch beigetragen haben. Sollte versehentlich eine Nennung fehlen, entschuldigen wir uns im Voraus und werden diese in folgenden Auflagen gern aufnehmen.

PSSSST, ... Erstveröffentlichung!

Thelema in 100 Jahren - eine philosophische
und gesellschaftskritische Zukunftsschau für das
Wassermannzeitalter.
von M. Eschner / K. Gierdahl

Michael D. Eschner / Knut Gierdahl

Thelema
in 100 Jahren

KultWelt

www.ingramcontent.com/pod-product-compliance
Lightning Source LLC
La Vergne TN
LVHW091253080426
835510LV00007B/242